Actualité de la stilistique

Maarten van Buuren (éd.)

Ex dono keith Robert Busby
olim socii peregrini et
olim commensalis 1997.

Cet ouvrage a bénéficié d'une subvention de l'école nationale de recherche
O.S.L.

∞ Le papier sur lequel le présent ouvrage est imprimé remplit les prescriptions de "ISO 9706:1994, Information et documentation - Papier pour
documents - Prescriptions pour la permanence".

ISBN: 90-420-0091-0
©Editions Rodopi B.V., Amsterdam - Atlanta, GA 1997
Printed in The Netherlands

Actualité de la stilistique

FAUX TITRE

Etudes
de langue et littérature françaises
publiées

sous la direction de Keith Busby,
M.J. Freeman, Sjef Houppermans,
Paul Pelckmans et Co Vet

No. 125

Amsterdam - Atlanta, GA 1997

Avant-propos

Les Pays-Bas peuvent se vanter d'une riche tradition dans le domaine de la stylistique. A la fin des années quarante plusieurs chercheurs de renommée internationale publièrent leurs études: E. L. Kerkhoff (*Het begrip stijl*, 1946), C. F. P. Stutterheim (*Stijlleer*, 1947), W. Kramer (*Inleiding tot de stilistische interpretatie van literaire kunst*, 1947). Dans leur sillage suivit, dans les années soixante, la revue *Merlijn*. Pour *Merlijn*, l'oeuvre littéraire était un univers autonome, régi par des lois qu'une analyse dite 'structurale' devait révéler. Cette analyse différait considérablement de celle qui, en France, se développait à la même époque sous le même nom. Les structuralistes Français, s'orientant sur le formalisme Russe, donnaient à 'structure' et 'style' une acception plutôt sémiotique (ce n'est pas par hasard s'ils publiaient leurs articles dans une revue appelée *Communications*). Pour eux, le texte était un message, envoyé par un destinateur et visant, auprès du destinataire, un effet très précis. L'analyse structurale' ou 'stylistique' signifiait donc autre chose en France qu'aux Pays-Bas, où *Merlijn* diffusait la vue d'une stylistique 'ergocentrique', c'est-à-dire concentrée entièrement sur un texte littéraire isolé et considérant ce texte indépendamment de sa fonction dans quelque système que ce soit.

Depuis cette époque de grand essor (et qui comprend du côté néerlandais l'apport extrêmement fertile de Paul Zumthor et de P. Guiraud qui à cette époque enseignaient à des instituts de romanistique néerlandais) la stylistique a disparu silencieusement du programme d'étude. Les raisons se laissent deviner: dans les années '70, l'analyse de textes isolés, considérée trop étroite, était supplantée par une étude qui se concentrait sur sa fonction communicative et sociale: les conditions de production et de réception, les fonctions institutionnelles et idéologiques. Le concept de 'style', trop étroitement associé à l'analyse structurale, faisait les frais de ce changement. De plus, la collaboration entre linguistes et chercheurs littéraires, indispensable au développement de la stylistique n'eut pas de successeurs. Peu à peu une étude se perdait de vue qui mettait en rapport les structures linguistiques de l'oeuvre littéraire et le fonctionnement (dans un sens large) de cette oeuvre.

C'est pour remettre en valeur ce rapport qu'en avril 1995 un congrès autour de la *Stylistique* fut organisé de la part de l'école nationale de recherche, O.S.L., par E. van der Starre et sousigné. Nous avions demandé aux participants de réfléchir sur une stylistique qui dépasse les limites du texte isolé et révèle les rapports étroits entre la figuration linguistique du texte et son fonctionnement dans des ensembles plus larges. C'est en ce sens que le lecteur est prié de comprendre 'stylistique' et d'accepter les textes ici réunis.

Pour deux participants la stylistique constitue le moyen de repenser quelques concepts-clefs de l'histoire littéraire en commençant par la 'période'. Si chaque période se sert d'un discours assez caractéristique pour permettre au lecteur de la reconnaître presque'immédiatement, il doit être possible, selon G. Dorleijn, de décrire les traits stylistiques de ces périodes. Parmi les exemples qui confirment cette hypothèse, signalons celui, très intéressant, de caractériser certaines périodes par l'emploi d'un seul mot qui, tel un fossile caractéristique, permet de dater certains textes littéraires et de les ranger soit dans l'une, soit dans l'autre période.

La deuxième contribution constitue l'essai de fonder stylistiquement le concept de 'courant' littéraire. Cet objectif (tout à fait pragmatique: il s'agit de mettre au point une méthode pour écrire une série d'histoires littéraires) semble réalisable à condition d'assigner à 'courant' un statut rhétorique, c'est-à-dire en le considérant comme un ensemble de textes cohérent qui vise un but auprès du lecteur et qui, pour atteindre ce but, se sert de quelques figures caractéristiques. L'analyse contrastive d'un fragment de prose naturaliste et de quelques poèmes symbolistes appuient cette proposition.

La stylistique a un intérêt incontestable pour saisir l'inconscient du texte, comme le montrent les deux contributions suivantes. Ce qu'on appelle en général le 'style' d'un texte est, selon H. Hillenaar, le point d'articulation entre un côté formel (qui répond à un ensemble de codes) et un côté corporel que le texte essaie de repousser vers une enfance désormais vaincue, mais qui ne cesse de se manifester. Le style se développe là, où le code (la loi du père, l'âge adulte) s'opposent au corps (le désir de la mère, l'enfance). Les trois stades dans le développement de l'enfant (fusion bienheureuse avec la mère, conflit Oedipien, âge adulte) sont, selon Hillenaar, à la base des variations de style et déterminent les différences entre les genres rhétoriques (genre démonstratif, juridique et délibératif) et littéraires (poésie, récit, essai).

C'est la même tension entre désirs refoulés et contraintes formelles qui, selon S. Houppermans, caractérise fondamentalement l'oeuvre de Raymond Roussel. Houppermans montre dans une analyse raffinée de *La Seine*, pièce inédite jusqu'en 1994, que les contraintes extrêmement rigoureuses auxquels Roussel a soumis son texte, servent de 'garde-fou' à des pulsions qui, sans elles, seraient incontrôlables. Remarquons entre parenthèses que, tandis que pour Hillenaar 'style' est le point d'articulation entre code et corps, pour Houppermans il signifie le seul aspect des contraintes formelles. Remarquons également que Houppermans souligne la modernité de Roussel qui réside, selon lui, dans la distorsion, la ruine des formes classiques.

La ruine, l'inachèvement comme signes de la modernité, tel est le thème de l'intervention de F. Schuerewegen. Au début du XIXe siècle, Balzac essaya d'écrire une 'oeuvre', mais il échoua. Ni l'oeuvre, ni le style dans lequel il l'écrivait, ont abouti. Pourtant, si l'on admettait, avec Schuerewegen, que ce manque d'harmonie constitue la modernité de Balzac? Alors l'échec apparent se transformerait en une réussite inattendue. Alors *La Bataille*, roman dont Balzac n'a écrit que le titre et le début de la première phrase, constituerait sa plus belle réussite.

L'article de G. Steen s'inscrit, comme celui de Dorleijn, dans une ligne de recherche empirique, mais l'objectif des deux articles diffère considérablement. Steen suit la définition de Leech/ Short selon laquelle le style est l'analyse fonctionnelle des caractéristiques linguistiques et contextuelles d'un type de texte donné. La métaphore, échantillon de ce large ensemble, fait l'objet d'une analyse empirique approfondie. Elle permet à Steen de nier l'hypothèse selon laquelle une différence stylistique sépare les textes littéraires des textes journalistiques. La 'stylistique des métaphores', c'est-à-dire, suivant Steen, l'analyse de ses caractéristiques linguistiques (catégories grammaticales, fonctions et positions) permet cependant de préciser la nature de cette figure extrêmement complexe.

Dans quelle mesure le système des figures se laisse-t-il transmettre du domaine de la langue (auquel l'emploi de 'stylistique' semble se restreindre) sur un domaine non-linguistique, comme l'art visuel? C'est la question que se pose S. Kibédi Varga dans la contribution qui termine ce recueil. Selon Varga les figures s'organisent selon un axe dont un pôle est l'anaphore (sa fonction principale est d'établir la communication, sa valeur informative est faible) et l'autre pôle la description (qui transmet l'information, mais qui a une faible valeur de communication). La transposition de ce système sur l'art visuel permet d'esquisser les contours d'un système de figures. La description correspond au portrait; l'anaphore correspond à la copie (dans l'art mimétique) ou à la répétition de lignes et de couleurs (dans l'art non-mimétique ou abstrait).

Harald Weinrich ouvre ce recueil par une réflexion virtuose sur quelques phrases de Buffon et de Valéry. Weinrich élargit le concept de style, normalement réservé au style littéraire, vers le style du discours scientifique. C'est en corrigeant la phrase attribuée à Buffon (qui écrivait que 'le style est l'homme même' et non pas 'le style c'est l'homme') qu'il met en lumière le contraste entre la description purement scientifique des choses et 'le style'. Pour Buffon le compte-rendu transparent - sans style - des données scientifiques (tel la classification de Linnée) s'opposait à la description de ces mêmes données selon un 'style' qui était celui de l'homme même, c'est-à-dire de l'homme savant du 18e siècle. Cette opposition, nous rappelle Weinrich, est fausse. Les choses ne se donnent à nous que dans et par les mots. Il n'y a pas de réalité sans style.

Maarten van Buuren

Le style c'est l'homme c'est le diable

Harald Weinrich

Si dans le titre de cette communication deux citations bien connues, l'une buffonienne et l'autre valéryenne, se trouvent télescopées au point de former une attribution enchevêtrée à la manière de Gertrude Stein ("la rose est une rose est une rose"), c'est que le diable s'en est peut-être mêlé. Celui-ci, en effet, semble s'intéresser énormément aux faits de style et en particulier à une stylistique de pointe, puisque c'est bien lui qui soutient, dans *Mon Faust* de Valéry, l'idée que le style c'est le diable, manifestement pour contredire la maxime universellement connue de Buffon d'après laquelle le style c'est l'homme[1].

Commençons donc, pour exorciser dès le début une possible intervention néfaste de sa part, par le diable. Dans la pièce dramatique de Valéry, il a nom Méphisto-phélès; il est identique, à quelques signes de vieillesse près, au personnage homonyme dans le *Faust* de Goethe[2]. L'autre protagoniste de la pièce est le docteur Faust, qui prend également la suite du personnage bien connu de Goethe mais qui se différencie de celui-ci d'une part par quelques traits de modernité scientifique - aux dires de Valéry lui-même il ressemble à Einstein et à Heisen-berg[3] -, d'autre part par un trait de caractère presque entièrement absent de l'oeuvre de Goethe: il est écrivain ou du moins prétend-il l'être. Il est vrai que, dans une scène de Goethe, le docteur Faust prend aussi la plume, mais uniquement pour s'essayer à trouver une nouvelle version allemande d'un passage de la Bible, le prologue de saint Jean.

Sous cet angle, le docteur Faust de Valéry est d'un tout autre calibre: il n'a pas seulement la prétention d'écrire un livre, mais il s'ingénie à faire naître sous sa plume un ouvrage unique et universel, à la fois scientifique et littéraire, livre tellement extraordinaire et hors du commun qu'il pourra avoir pour titre *Le Livre* sans avoir besoin d'autres spécifications. C'est là justement le nouveau pacte que Faust aimerait proposer à Méphistophélès:

FAUST

Ecoute: Je veux faire une grande oeuvre, un livre...

---

[1] Paul Valéry: 'Mon Faust' (1946), *Oeuvres*, éd. Jean Hytier, Bibliothèque de la Pléiade, 2 vol., Paris 1957/1960, t.II, pp.276-403.
[2] Karl Alfred Blüher/Jürgen Schmidt-Radefeldt (éds.): *Paul Valéry. Le cycle de 'Mon Faust' devant la sémiotique théâtrale et l'analyse textuelle*, Tübingen 1991 (avec bibliographie).
[3] Cf. Karl Alfred Blüher: 'Die Symbolik in Paul Valérys *Mon Faust*', in Jürgen Schmidt-Radefeldt (éd.): *Paul Valéry*, Darmstadt 1977 (=Wege der Forschung, 514), p.214. Cf. également K.A. Blüher: *Strategie des Geistes. Paul Valérys 'Faust'*, Francfort 1960 (=Analecta Romanica, 10).

MEPHISTOPHELES

Toi? Il ne te suffit pas d'être toi-même un livre?...

FAUST

J'ai mes raisons. Il serait un mélange intime de mes vrais et de mes faux souvenirs, de mes idées, de mes prévisions d'hypothèses et de déductions bien conduites, d'expériences imaginaires: toutes mes voix diverses! On pourra le prendre en tout point, le laisser en tout autre...

MEPHISTOPHELES

Ceci n'est pas trop neuf. Chaque lecteur s'en charge.

FAUST

Personne, peut-être, ne le lira; mais celui qui l'aura lu n'en pourra plus lire d'autre.

Dans les répliques suivantes, Faust décrit aussi le style de son livre futur:

> Je veux que cet ouvrage soit écrit dans un style de mon invention, qui permette de passer et de repasser merveilleusement du bizarre au commun, de l'absolu de la fantaisie à la rigueur extrême, de la prose au vers, de la plus plate vérité aux idéaux les plus... les plus fragiles...

Et Méphistophélès sèchement de répondre: "Je n'en connais pas d'autre". Finalement, après avoir été obligé d'écouter la suite de cette description stylistique, Méphistophélès interrompt le flux de paroles enthousiaste de son interlocuteur et lui adresse la mise en garde suivante:

> Ho ho... Il se voit que tu m'as fréquenté. Ce style-là me paraît tout méphistophélique, monsieur l'Auteur!... En somme, le style... c'est le diable[4].

Or, ce style très méphistophélique, que Valéry semble bien connaître, ce style supérieur à tous les autres styles attestés dans la littérature universelle, c'est visiblement le style recherché sa vie durant par Stéphane Mallarmé dans sa quête de l'absolu littéraire, à savoir la création du Livre universel qui résumerait – telle une Bible profane du monde moderne – tous les autres livres existants et qui serait par là le dernier de tous les livres à écrire: après sa lecture, aucun autre livre ne mériterait plus d'être lu.

---

[4] Valéry, *Mon Faust*, l.c., pp.297 sq. Cf. Victor Hell: "'Le style, c'est le diable" (P. Valéry, *Mon Faust*). Création et satanisme dans *Mon Faust* de Paul Valéry et dans le *Dr Faustus* de Thomas Mann', in M. Parent/J. Levaillant (éds.): *Paul Valéry contemporain*, Paris 1974, pp.194-208.

Il ne me paraît pas indispensable, après les recherches de Jacques Schérer et les récentes élucidations de Paul Bénichou, de décrire une fois de plus les circonstances historiques et biographiques de ce grand rêve littéraire, le plus grand peut-être qui ait jamais été rêvé, ni de tenter d'évaluer jusqu'à quel degré de réalisation Mallarmé y est peut-être déjà parvenu, du moins dans certains de ses morceaux de poésie ou de prose[5]. Retenons ici seulement que Valéry connaissait très bien la pensée de Mallarmé sur ce sujet et que lui-même ne se sentait pas très éloigné de cet ambitieux rêve littéraire et stylistique.

Il me paraît souhaitable, cependant, de préciser encore, du moins pour Valéry, les conditions intellectuelles de cette oeuvre d'inspiration à la fois mallarméenne et faustienne. Voyons dans quel entourage, dans quelle situation le docteur Faust a été placé par son créateur moderne. Contrairement à l'oeuvre de Goethe, Marguerite (dont le caractère simple et ingénu avait déjà déplu à Mme de Staël) se trouve éliminée du texte valéryen[6]. Elle y est remplacée par Mademoiselle Lust, secrétaire privée du savant écrivain, qui d'ailleurs n'est pas insensible aux attraits physiques de la jeune femme, restant ainsi l'égal de son illustre prédécesseur. Or, Mademoiselle Lust – et ceci ne la distingue pas moins de Marguerite que ses autres qualités physiques et psychiques – a contracté l'habitude de lire. Ainsi, dans une scène, elle cherche un livre. Pour quoi faire? Sans doute, pense Faust, "pour ne pas penser". Son commentaire sur la lecture équivaut à affirmer: "Tout ce qu'on peut écrire est niaiserie".

Il est encore un autre lecteur de son entourage qui irrite le docteur Faust. C'est le personnage assez antipathique du Disciple que l'on connaît déjà par la pièce goethéenne. Et encore, à la différence du personnage de Goethe, ce chercheur s'avère être un lecteur assidu. Mais voilà que, immobilisé pendant des heures et des heures de lecture devant cette abondance d'ouvrages imprimés, le Disciple valéryen se sent ahuri et écoeuré devant "tous ces excréments de l'esprit" et ne rêve que de s'en débarrasser le plus vite possible. Méphistophélès, d'ailleurs, est à peu près du même avis; lui qui ne lit jamais et qui même, de son propre aveu, ne sait pas lire, sauf dans les âmes des hommes et des femmes, blâme le Disciple de sa manie de lire, "le nez dans cette prose épaisse". Mais à la différence de Faust, il s'abstient également d'écrire[7]. Cette attitude apparente Méphistophélès à Monsieur Teste, qui, lui aussi, ne possède pas un seul livre, éprouvant un profond dégoût dès qu'il se trouve entouré de ces "milliards de mots qui

---

[5] Jacques Schérer: Le 'Livre' de Mallarmé (1957), 2ᵉ édition Paris 1977. - Paul Bénichou: Selon Mallarmé, Paris 1995.
[6] Germaine de Staël: 'cette jeune fille singulièrement simple d'esprit et d'âme' (De l'Allemagne II, 23).
[7] Le débat sur la lecture dans Mon Faust, l.c., pp.354 (ne pas penser), 344 (niaiserie), 368/ (excréments), 355 (le nez), 368 (ne pas lire), 299 (ne pas écrire).

bourdonnent à ses oreilles". Ecrire, pour lui, est encore pire que lire: "Plus on écrit moins on pense"[8].

Et Faust alors? Son attitude face à la lecture, aux livres et aux bibliothèques est celle d'un homme qui a tout lu et qui pourrait dire avec Mallarmé, celui du *Livre* justement: "La chair est triste, hélas, et j'ai lu tous les livres". Aussi Faust ne peut-il guère vouer sa vie intellectuelle à la tâche futile d'augmenter par sa plume le nombre déjà excessif des livres existant dans le monde. Sa seule vocation d'écrivain sera d'écrire un livre unique qui se démarquera de tous les autres et qui s'avérera par là apte à clore une fois pour toutes la production exubérante de l'esprit. Ce sera l'ultime bataille intellectuelle à gagner, avant la victoire définitive de l'esprit sur la matière.

Le diable saisit alors sa chance. La tentation de Faust, qu'il n'a même pas eu besoin de provoquer, est en effet bien connue dans son royaume: c'est l'orgueil[9], vice et péché capital, d'autant plus grave dans le cas du *Livre* que cette place d'excellence est déjà occupée depuis longtemps par le Livre des Livres, d'inspiration divine, la Bible. Le style de l'*Eritis sicut Deus* qui se manifeste à travers cet orgueil est donc d'inspiration également satanique, à telle enseigne que Méphistophélès, diable de taille moyenne, ne peut que s'en émerveiller.

Dans un sens, ce contexte théologique et démonologique n'est certainement pas inutile pour saisir la signification profonde d'un style appelé méphistophélique, mais il peut aussi contribuer à nous fourvoyer dans nos réflexions. N'oublions pas que le docteur Faust est avant tout un savant ou, pour employer un terme plus actuel, un scientifique. Ce n'est que par accident qu'il est ou qu'il veut être un homme de lettres. Tout ce qui touche à son style, par conséquent, concerne d'abord et peut-être essentiellement le style de l'écriture scientifique.

Je me permets de faire ici une brève parenthèse concernant la stylistique en général. Les historiens de la littérature ont tendance à considérer le style comme étant essentiellement une affaire littéraire au sens étroit du terme relevant de la poétique. Je ne veux pas nier que cette perspective particulière et un peu unilatérale ne soit justifiée par de nombreuses observations ou du moins par une longue habitude des chercheurs, qui ne va cependant pas aussi loin que l'Antiquité où les maîtres de l'art d'écrire nourrissaient tous l'idée que le bon style pouvait aussi bien se trouver chez les grands penseurs et savants – témoins Platon, Epicure, Sénèque et Lucrèce – que chez les poètes épiques, lyriques et dramatiques à proprement parler. Cette vision très généreuse du canon classique, valable aussi

[8] Paul Valéry: *Monsieur Teste*, l.c., pp.11-75, ici pp.17 et 23 (pas de livre), 15 (milliards de mots), 59 (plus/moins).
[9] Le motif de l'orgueil: 'le diamant de l'orgueil' (p.297), 'tous les orgueilleux de grand style' (p.296). Cf. 'après tant d'orgueil' 'Le cimetière Marin', *Oeuvres* t.I, p.148).

pour la stylistique, a peu à peu disparu au fil des siècles de notre histoire littéraire à tel point qu'actuellement les écrits des chercheurs dans les sciences sont presque totalement laissés à l'écart de l'histoire littéraire comme de la critique stylistique. Je suis donc convaincu que notre discipline, la Stylistique, devrait s'intéresser davantage, à côté de la poétique proprement dite, à la littérature produite par les auteurs scientifiques et concéder à celle-ci, sans aucune réserve a priori, le statut plénier d'une production littéraire sinon poétique, du moins poïétique[10].

Le mot poïétique va nous ramener à Paul Valéry. On sait combien ce terme a été cher à ce savant et écrivain[11]. On ne comprend probablement que très peu de choses à l'immense oeuvre de Valéry si la poésie issue de sa plume est seule censée donner la mesure de son génie; le concept de *poïesis*, cependant, peut signifier dans la pensée valéryenne une faculté d'âme dont la force créatrice embrasse très généreusement l'ensemble de ses écrits, y compris ses *Cahiers*. Je suis en effet convaincu que les *Cahiers* peuvent être considérés comme la suite authentiquement valéryenne de la grande quête mallarméenne, autrement dit, comme l'avatar du *Livre* tel qu'il pourrait réellement être écrit à l'époque moderne dans des conditions ni faustiennes ni méphistophéliques. Car il est bien évident aux yeux de Valéry que cette perspective à la fois scientifique et littéraire ne peut plus être de nos jours une vision globale et systématique sur "tout ce qui fait la cohésion la plus intime de l'univers" (c'est le Faust de Goethe qui s'exprime en ces termes: *"was die Welt im Innersten zusammenhält"*); il ne peut s'agir, plus modestement, que d'une "oeuvre ouverte", dans le sens d'Umberto Eco, c'est-à-dire d'un ensemble composé de multiples fragments et segments témoignant d'autant de regards particuliers et instantanés jetés sur le monde, sans aucun espoir de pouvoir les ramener sous le joug d'un a priori quelconque en vertu duquel le hasard serait aboli[12]. Il est évident que la condition fragmentaire est ici devenue une *condition sine qua non* de la condition humaine. Heureusement, grâce aux auteurs romantiques et post-romantiques, le genre littéraire du fragment est venu à point pour servir d'instrument dans un monde dont la contingence est inéluctable. C'est donc à partir de ces prémisses assez modestes et plutôt humbles qu'il convient d'admirer la vaste architecture des *Cahiers* de Valéry et d'en admirer en même temps le *stilus humilis*, tout au plus *mediocris*, mais jamais *sublimis*, bien que l'auteur ait su montrer ailleurs qu'il était parfaitement capable d'atteindre, s'il le voulait, les plus hautes altitudes du Parnasse.

* * *

---

[10] Cf. Heinz L. Kretzenbacher/Harald Weinrich (éds.): *Linguistik der Wissenschaftssprache*, Berlin 1995.
[11] Pour la notion de Poïétique, v. en particulier Paul Valéry: 'Première leçon du Cours de Poétique' (au Collège de France), *Oeuvres*, t.I, pp.1340-1358.
[12] Cf. Simon Lantiéri: 'L'oeuvre ouverte' chez Paul Valéry et Umberto Eco, in K.A. Blüher/J. Schmidt-Radefeldt, l.c., pp.11-36.

Le style, s'il n'est pas nécessairement le diable, peut-il être l'homme? Il faut se le demander, à cause de Buffon ou même malgré lui. A partir de Valéry, nous allons donc remonter le temps, pour rencontrer, à une distance historique d'environ deux siècles, le comte Buffon écrivant son *Histoire naturelle* (1749 - 1804), monumental ouvrage en 44 volumes embrassant l'ensemble de la nature, y compris l'homme[13]. Au moment d'inaugurer ce travail qui a occupé son existence depuis sa quarantaine jusqu'à sa mort survenue à la veille de la Révolution, en 1788, Buffon avait déjà atteint dans sa vie une certaine plénitude dont se serait contenté plus d'un homme de sa condition et de son âge. Il était noble, riche et d'une santé robuste; son mariage était heureux, son château avec parc à Montbard enviable, sa charge d'Intendant du jardin du Roi (de l'actuel Jardin des Plantes, où l'on peut admirer sa statue) tout à fait satisfaisante et très honorifique. Voltaire en a donné ce portrait en 1740: "Il va au bonheur, il se porte à merveille. Le corps d'un athlète et l'âme d'un sage, voilà ce qu'il faut pour être heureux". Mais un beau jour cet homme décida de donner à sa vie un autre sens, plus exigeant, et s'imposa dès lors une discipline plus sévère et plus rigoureuse pour créer avec une petite équipe de collaborateurs (déjà!) ce grand ouvrage que l'on passe injustement sous silence quand on aborde dans l'histoire de la littérature et de la stylistique ce grand défi qu'est le *Livre*.

Un succès spectaculaire vint très vite couronner cette vaste entreprise, non seulement auprès du grand public qui faisait aux volumes de cet ouvrage, au fur et à mesure qu'ils paraissaient, un accueil enthousiaste, mais encore auprès de nombreux critiques qui saluaient en lui un nouvel Aristote ou un "Pline français" – voire plus que cela, si l'on pense à Louis XVI qui préférait nommer Pline, *vice versa*, un "Buffon romain". Or, il apparaît clairement à travers de nombreux témoignages de l'époque que le succès de l'ouvrage n'était pas seulement dû aux qualités scientifiques des descriptions détaillées, mais encore et dans une très large mesure, aux qualités stylistiques du livre, en un mot, au "style Buffon", universellement admiré[14]. On ne s'étonne donc pas que peu d'années après la parution des trois premiers volumes, en 1753, l'auteur d'un ouvrage si chaleureusement salué et complimenté fût élu à l'Académie française où, tout à fait conscient de l'effet de son style, il prononça justement le Discours de réception dans lequel se trouve notre maxime sur le style et l'homme[15].

---

[13] Georges Louis Leclercq, Comte de Buffon: *Histoire naturelle, générale et particulière*, 44 vol., Paris 1749-1804. Pour l'état de la recherche cf. Jean Gayon et al. (éds.): *Buffon 88. Actes du Colloque international Paris-Montbard-Dijon*, Paris 1992.

[14] Pour les témoignages sur le succès de Buffon, je me réfère à Wolf Lepenies: *Das Ende der Naturgeschichte*, Munich 1976, pp.142-147.

[15] A propos de la sentence sur le style et l'homme, cf. en particulier Wolfgang G. Müller: *Topik des Stilbegriffs. Zur Geschichte des Stilverständnisses von der Antike bis zur Gegenwart*, Darmstadt 1981, chap.III. - Michel Espagne: 'Le style est l'homme même. A priori esthétique et écriture scientifique chez Buffon et Winckelmann', in Almuth Grésillon/Michaël Werner (éds.): *Leçons d'écriture. Ce que disent les manuscrits*, Paris 1985, pp.51-67. - Hans-Martin Gauger: *Über*

Mais sous quelle forme, exactement? Le diable qui, comme nous l'avons déjà vu, montre un intérêt particulier pour les faits de style, est intervenu pour que le passage en question soit presque toujours cité avec imprécision, à savoir sous la forme: "Le style c'est l'homme". Pour ne citer qu'un exemple, l'écrivain allemand Heinrich Laube, contemporain de Heine, écrit en 1835 dans un essai intitulé *Der Stil*, après avoir esquissé l'histoire du mot style: "Celui qui veut parler du style a l'obligation de connaître Buffon" (*Wer über den Stil spricht, muss Buffon kennen*), mais il ajoute que cette recommandation ne concerne pas du tout son *Histoire naturelle*, mais bien "*jenes schöne Wort*: le style, c'est l'homme"[16]. En outre, Méphistophélès en personne peut être appelé ici en témoignage de cette aberration intertextuelle puisque son assertion "le style c'est le diable" confirme, jusque dans la déformation, l'habitude de citer Buffon par la formule "le style c'est l'homme".

Or, le texte imprimé du discours de réception de Buffon atteste une version assez divergente de la formule généralement citée, à savoir "le style est l'homme même", et l'on ne peut pas exclure non plus l'hypothèse que Buffon ait dit, en prononçant son discours: "Le style est *de* l'homme même". Les sens de ces différentes versions ne sont évidemment pas tout à fait identiques et il faudra nous arrêter ici quelques instants sur les nuances sémantiques présentes dans le texte attesté. Pour bien en comprendre le sens, et en particulier celui de la phrase "le style est l'homme même", il convient évidemment de tenir compte du contexte, d'abord large, puis restreint[17].

Un discours de réception à prononcer devant l'Académie française est d'abord un discours d'usage appartenant au genre rhétorique et littéraire de l'éloge (en Rhétorique: *genus demonstrativum*). Buffon s'acquitte de cette tâche de convenances dans les parties initiale et terminale de son discours, réservant la partie médiane à l'argumentation stylistique proprement dite. C'est pourtant vers la fin que se trouve la maxime en question, insérée dans un passage élogieux qui commence par le terme d'adresse "Messieurs". Quelques lignes après, Buffon emploie le mot "immortalité", et on comprend facilement en vue de quelle qualité académique il s'adresse ici à ses nouveaux confrères. Or, les propos de Buffon dans ces lignes s'appliquent en tout premier lieu à ses propres écrits: ses remarques ne concernent en effet guère les problèmes d'une stylistique générale, mais bien ceux d'une stylistique particulière, celle de l'écriture scientifique. Voici le passage qui peut être considéré comme le prologue de notre petite phrase:

Les ouvrages bien écrits seront les seuls qui passeront à la postérité: la quantité des connaissances, la singularité des faits, la nouveauté même des découvertes ne sont pas de

Sprache und Stil, Munich 1995 (=Beck'sche Reihe, 1107).
[16] Heinrich Laube: *Moderne Charakteristiken*, Mannheim 1835, t.II, p.232.
[17] Je cite le *Discours sur le style* d'après l'édition des *Oeuvres philosophiques*, éd. Jean Pineteau, Paris 1954. La phrase "le style est l'homme même" se trouve à la page 504.

sûrs garants de l'immortalité; si les ouvrages qui les contiennent ne roulent que sur de petits objets, s'ils sont écrits sans goût, sans noblesse et sans génie, ils périront, parce que les connaissances, les faits et les découvertes s'enlèvent aisément, se transportent et gagnent même à être mises en oeuvre par des mains plus habiles. Ces choses sont hors de l'homme, le style est l'homme même...

En ce qui concerne d'abord la "petite phrase" elle-même, on peut certainement lui attribuer la valeur d'un *topos*, même avant Buffon. Parmi les attestations antérieures, relevées par Wolfgang G. Müller, il y a lieu de souligner plus particulièrement un passage de Cicéron se référant à Socrate:

> Disserebat qualis cuiusque animi affectus esset, talem esse hominem, qualis autem homo ipse esset, talem eius esse orationem[18].

On reconnaît ici, non seulement l'idée générale d'une correspondance entre l'homme et sa façon de parler, mais encore l'idée d'une tournure syntaxique particulière par laquelle "l'homme même" (*homo ipse*) se révèle dans son comportement langagier. Socrate/Cicéron semble "même" convaincu que la façon de parler (*oratio*) caractérise l'homme plus profondément et plus intimement que ses autres états d'âme (*animi affectus*).

Buffon semble partager cette conviction. Dans sa version du *topos*, le contexte permet également de préciser le sens exact du mot "même", en accord avec Socrate/Cicéron. En fait, il existe d'après Buffon certains phénomènes "hors de l'homme", appelés par lui sommairement "choses" et groupant "les connaissances, les faits et les découvertes". Par antagonisme, le style est considéré comme étant "dans" l'homme, voire dans le plus intime de sa nature: cette nuance est justement déductible de l'instruction syntaxique contenue dans le morphème "même" qui exprime dans cette position une 'mise en relief avec emphase' par rapport à ce qui précède dans le contexte immédiat.

Il est linguistiquement impossible de conserver cette 'mise en relief avec emphase' dès qu'une phrase comme celle-ci est isolée de son contexte et employée librement comme maxime universelle. Sans contexte précédent, le morphème "même" n'a plus de sens; il est donc grammaticalement correct de le supprimer dans la phrase isolée et de le remplacer dans ces conditions par un autre morphème presque équivalent, à savoir le morphème "c'est" qui signifie simplement 'mise en relief', sans autre spécification. La nuance de sens qui résulte de la suppression du trait sémantique 'emphase' peut être considérée ici comme tolérable, puisqu'elle se contente d'affaiblir légèrement un sens qui, par ailleurs, recouvre une emphase nouvelle du fait de son isolement contextuel. Il n'y a donc pas lieu de se scandaliser de la "falsification" de cette citation; la communauté linguistique s'est

---

[18] Cicéron: *Tusculanae Disputationes V*, 16, 47; d'après Müller: *Topik des Stilbegriffs*, l.c., p.12.

très convenablement tirée d'affaire par cette petite traduction (et non pas trahison) ingénieuse. De ce fait, je partage entièrement la constatation, un peu méphistophé-lique certes, de Pierre Guiraud écrivant en exergue de sa *Stylistique* (1954): "Quoi qu'en dise Buffon, le style c'est l'homme même".

Mais quel homme enfin? Cette question a beaucoup intrigué les chercheurs en stylistique qui se sont intéressés à Buffon – et qui d'entre eux aurait pu y échapper[19]? Les réponses proposées reconnaissent presque unanimement une profonde contradiction entre le sens que Buffon lui-même a voulu donner à sa maxime et le sens que la postérité, dans sa réception de cette *"happy phrase"* (Rémy G. Saisselin), lui a attribué[20]. D'après cette thèse – et c'est un morceau vraiment délicat pour les chercheurs friands de l'herméneutique! – Buffon avait en tête ou bien le sens générique du mot "homme", c'est-à-dire 'être humain', ou bien le sens historiquement générique autrement cher à Buffon, à savoir 'honnête homme'. La postérité, et en particulier le XIXe siècle si curieux de tout ce qui sort des normes et catégories données, aurait cependant attribué à ce mot un sens strictement individualiste, conduisant à affirmer que le style – le vrai style, j'entends – trouve sa plénitude dans la subjectivité illimitée et souvent effrénée de chaque auteur. Quel beau contresens entre ces deux acceptions divergentes d'un même mot: le comte Buffon, en plein milieu du siècle de la raison, aurait donc préparé, par une ambiguïté volontaire ou involontaire, la négation même de cette raison et il aurait ainsi donné le plus beau mot de passe au Romantisme et son opposition au siècle des Lumières. Le diable aurait bien de quoi rire d'un tel quiproquo et jeu de cache-cache.

Ce rire sardonique, cependant, est un peu moins de mise ici qu'il ne peut sembler à première vue. Commençons par examiner brièvement la seconde de ces thèses antinomiques. Albert Thibaudet, se référant à Buffon, l'exprime clairement: "Non seulement le style c'est l'homme, mais le style c'est un homme, une réalité physique et vivante"[21]. D'après cette thèse, chaque individu aurait donc "son" style, au même titre que Buffon, Mallarmé ou Valéry? Je ne retiendrai pas ce concept du style qui finit nécessairement par diluer la stylistique dans une indifférence totale. Si tout est style, rien n'est style. Il est vrai, évidemment, qu'il existe dans les textes, littéraires ou autres, tel ou tel style individuel tout à fait remarquable et de ce fait aisément reconnaissable parmi d'autres textes d'auteur. Témoin justement le "style Buffon" identifié déjà par Etienne Geoffroy Saint-

---

[19] Cf. Jürgen Trabant: 'Le style est l'homme même. Quel homme?' *Comparatio* 2/3 (1991) pp.52-72.
[20] Rémy G. Saisselin: 'Buffon, Style, and the Gentleman', *The Journal of Aesthetics and Art Criticism* 16 (1958), 357-361.
[21] Albert Thibaudet: *Gustave Flaubert* (1922), Paris 1935, p.223, cité par Müller, *Topik des Stilbegriffs*, l.c., p.148-154.

Hilaire, naturaliste contemporain de notre auteur[22]. Mais il est alors nécessaire, et c'est évidemment le cas de Buffon, que ce style individuel se signale par quelques traits saillants – positifs ou négatifs – et qu'il s'impose de ce fait à la conscience esthétique d'un groupe social. Sans la reconnaissance de cette excellence et sans une certaine visibilité sociale qui en résulte, un style individuel ne présente aucun intérêt et n'existe pratiquement pas. On n'a même pas besoin ici de faire appel au diable, c'est déjà le vent qui emporte ce style.

Il faut donc revenir, qu'on le veuille ou non, à une acception sociale du mot "homme", pour pouvoir s'en servir dans le cadre de la stylistique. Là encore, on peut aisément écarter, me semble-t-il, le sens générique et universel du mot, dont s'est déjà moqué Heinrich Heine en parodiant la maxime de Buffon: "Le style c'est l'homme – c'est aussi la femme!"[23]. Ne reste-t-il alors que l'honnête homme pour prêter ses traits caractéristiques à l'homme de Buffon? Je n'en conviens qu'à une condition, à savoir que l'on tienne compte, à titre au moins égal, du fait que Buffon, même immortel, a toujours été, et en priorité, savant et écrivain scientifique. Ce naturaliste, qui au moment de son élection à l'Académie française était déjà depuis 1733 membre de l'Académie royale des Sciences, de la classe de Mécanique d'ailleurs, ne pouvait ni ne voulait oublier que non seulement par son savoir, mais aussi par son style il se trouvait engagé au service de la science. "L'homme" de son *Discours sur le style* est d'abord un savant écrivain et un écrivain savant, autrement dit un type bien particulier de l'espèce honnête homme. La manière d'écrire de Buffon découle en premier lieu de ces données et doit être considérée et examinée avant tout comme la solution d'un problème qui relève de la stylistique des sciences et non pas de la stylistique générale.

Ceci apparaît clairement, bien plus que dans son discours somme toute très académique sur le style, dans un autre discours que Buffon avait déjà écrit en 1749 et qu'il a inséré dans le premier tome de son *Histoire naturelle* sous le titre: "De la manière d'étudier et de traiter l'histoire naturelle". C'est en quelque sorte son "Discours de la méthode". On doit également considérer ce texte comme le programme stylistique qui devait permettre à Buffon d'organiser son grand ouvrage. Il y écrit notamment le passage suivant – et je me permets de mettre en italiques quelques-unes des expressions qui méritent d'être commentées par la suite:

> L'histoire naturelle, prise *dans toute son étendue*, est une *histoire immense*; elle embrasse *tous les objets* que nous présente *l'univers*. Cette *multitude prodigieuse* de quadrupèdes, d'oiseaux, de poissons, d'insectes, de plantes, de minéraux, etc., offre à la curiosité de l'esprit humain *un vaste spectacle* dont *l'ensemble est si grand*, qu'il paraît et qu'il est,

---

[22] D'après Wolf Lepenies: *Das Ende der Naturgeschichte*, l.c., p.143.
[23] La citation de Heine s'insère dans une invective contre Mme de Staël (*Sämtliche Werke*, t.X, p.275).

en effet, *inépuisable dans les détails*. Une seule partie de l'histoire naturelle, comme l'histoire des insectes, ou l'histoire des plantes, suffit pour occuper *plusieurs hommes*; et les plus habiles observateurs n'ont donné, après *un travail de plusieurs années*, que des ébauches assez imparfaites des *objets trop multipliés* que présentent ces branches particulières de l'histoire naturelle, auxquelles ils s'étaient uniquement attachés; cependant ils ont fait *tout ce qu'ils pouvaient faire*, et bien loin de s'en prendre aux observateurs du peu d'avancement de la science, on ne saurait trop louer leur *assiduité au travail* et *leur patience*, on ne peut même leur refuser des qualités plus élevées; car il y a une espèce de force de génie et de courage d'esprit à pouvoir envisager, sans s'étonner, la nature dans *la multitude innombrable* de ses productions, et à se croire capable de les comprendre et de les comparer; il y a une espèce de goût à les aimer, plus grand que le goût qui n'a pour but que des objets particuliers; et l'on peut dire que l'amour de l'étude de la nature suppose dans l'esprit deux qualités qui paraissent opposées: les *grandes vues* d'un *génie ardent qui embrasse tout d'un coup d'oeil*, et les petites attentions d'un instinct laborieux qui ne s'attache qu'à un seul point[24].

Dans ce passage, l'objet du naturaliste est caractérisé par des expressions comme *histoire immense, multitude prodigieuse* ou *innombrable, vaste spectacle, ensemble inépuisable, objets trop multipliés*. Pour faire face à cette tâche scientifique, il faut un travail de plusieurs années, exigeant toute l'*assiduité, la patience* et l'*instinct laborieux* de *plusieurs hommes* ainsi que les *grandes vues* d'un *génie ardent qui embrasse tout d'un coup d'oeil*. Au moment d'entamer le travail d'Hercule de son *Histoire naturelle*, Buffon apparaît donc tout à fait conscient du problème de la complexité qui se pose à son esprit et à sa plume et de l'ampleur de l'effort intellectuel qu'il devra accomplir pour le résoudre.

Quelle sera sa méthode pour mener à bon terme ce grand ouvrage scientifique? Imitera-t-il l'exemple de ces savants allemands qu'il ne cesse de blâmer pour leurs compilations illisibles et qui n'essaient même pas de réduire à une mesure humaine cette complexité désespérante? Là n'est pas son modèle. Trouvera-t-il, d'autre part, en bon cartésien qu'il est dans le fond, "la vraie méthode de conduire son esprit dans ces recherches" dans une écriture qui suivra "l'ordre le plus naturel"[25]? Mais quel est alors cet ordre le plus naturel? Sûrement pas un ordre formel, d'inspiration mathématique, dont Buffon se démarque en tant que naturaliste en affirmant qu'il s'agit dans sa science d'un sujet tout à fait différent et dont la méthode de représentation "est encore à trouver"[26]. Il est également évident à ses yeux qu'une solution linnéenne de ce problème ne convient pas aux sciences de la nature telles qu'il entend les pratiquer. On se souvient, en suivant les suggestions de Wolf Lepenies[27], que le grand naturaliste suédois Carl von Linné (Linnaeus, 1707-

---

[24] *Oeuvres philosophiques de Buffon*, éd. Jean Pineteau, Paris 1954, pp.7-26, ici pp.22 sq.
[25] Pour le cartésianisme de Buffon, cf. Jürgen Trabant, l.c., p.60.
[26] Buffon: *De la manière*, l.c., p.23.
[27] Wolf Lepenies: *Autoren und Wissenschaftler im 18. Jahrhundert. Linné - Buffon - Winckelmann - Georg Forster - Erasmus Daroin*, Munich 1988, pp.63 sqq. Cf. du même auteur: *Das Ende der Naturgeschichte*, Munich 1976, pp.142 sqq.

1778) avait publié à partir de 1735 son *Systema naturae* où toute la nature végétale et animale se voyait réduite à un grand catalogue taxinomique, rédigé en latin d'ailleurs[28]. Du point de vue du langage scientifique, cette nomenclature systématique et hiérarchique représente, pour ainsi dire, le style zéro du langage scientifique, sans pour autant abolir le problème de la complexité. Contre cette complexité squelettique, Buffon écrit dans son *Discours* qu'il faut soigneusement se garder de "rendre, en multipliant les noms et les représentations, la langue de la science plus difficile que la science elle-même"[29]. On comprend aisément que Buffon ait terriblement souffert de voir qu'un nombre croissant de naturalistes adhéraient au clan décrié de ces "nomenclateurs".

Dans la solution qu'il adoptera lui-même pour résoudre à sa manière le problème de la coordination de données scientifiques complexes, Buffon se tient à une distance égale de la compilation exubérante des Allemands, de la rigueur méthodologique de Descartes et du catalogue ascétique de son ennemi intime Linnaeus. Dans un style bien à lui, il se fie aux belles-lettres pour y chercher une méthode permettant de réduire, dans une mesure raisonnable et adéquate, la complexité naturelle de son vaste sujet. Il la trouve notamment chez les grands moralistes européens et, à leur instar, ramène tout fait naturel digne d'être noté à la nature de l'homme, autrement dit à la condition humaine. C'est dans cette perspective à la fois méthodologique et stylistique que sa manière d'écrire, le "style Buffon", triomphe – mais pour un certain temps seulement.

Car, une fois de plus, le diable aime à se cacher dans le style. Cela se produit principalement – puisque le diable n'aime pas une attitude *humble* et ne se contente guère d'une attitude *médiocre* – dans le style *sublime*. Buffon, en effet, ne résiste pas à la tentation de s'élever dans son ouvrage, toutes les fois que le sujet semble le lui permettre, aux sommets du *stylus sublimis*. Aussi écrit-il dans son *Discours sur le style*, dans le passage justement qui précède celui de sa sentence sur le style et l'homme:

> Le ton n'est que la convenance du style à la nature du sujet; il ne doit jamais être forcé; il naîtra naturellement du fond même de la chose, et dépendra beaucoup du point de généralité auquel on aura porté ses pensées. Si l'on s'est élevé aux idées les plus générales, et si l'objet en lui-même est grand, le ton paraîtra s'élever à la même hauteur; et si, en le soutenant à cette élévation, le génie fournit assez pour donner à chaque objet une forte lumière (...), le ton sera non seulement élevé, mais sublime.

Quels sont dans la nature les objets se prêtant naturellement au style sublime? Ce sont avant tout les grands quadrupèdes "nobles", tels que le lion et le cheval, qui

---

[28] Cf. Henri Daudin: *De Linné à Lamark: méthodes de la classification et idée de série en botanie et en zoologie 1740-1790 (1926/7)*, Paris, 2ᵉ édition, 1983. - Pascal Duris: *Linné et la France (1780- 1850)*, Genève 1993.

[29] Buffon: *De la manière*, l.c., p.9.

doivent leur classe à bon nombre de textes littéraires où le style sublime se trouve déjà associé à ces espèces. De même, le cygne fait partie de la caste à laquelle est réservé le sublime. Voyons donc comment le cygne (*cygnus ferus* ou *cygnus mansuetus* dans la nomenclature linnéenne) se présente sous la plume de Buffon:

> Les grâces de la figure, la beauté de la forme répondent, dans le cygne, à la douceur du naturel; il plaît à tous les yeux, il décore, embellit tous les lieux qu'il fréquente; on l'aime, on l'applaudit, on l'admire; nulle espèce ne le mérite mieux; la Nature en effet n'a répandu sur aucune autant de ces grâces nobles et douces qui nous rappellent l'idée de ses plus charmants ouvrages: coupe de corps élégante, formes arrondies, gracieux contours, blancheur éclatante, mouvements flexibles et ressentis, attitudes tantôt animées, tantôt laissées à un mol abandon; tout dans le cygne respire la volupté, l'enchantement que nous font éprouver la grâce et la beauté, tout nous l'annonce, tout le peint comme l'oiseau de l'amour, tout justifie la spirituelle et riante mythologie d'avoir donné ce charmant oiseau pour père à la plus belle des mortelles... [30].

Quelle merveille de style! a peut-être pensé plus d'un des lecteurs contemporains de Buffon face à cet éloge du beau cygne en compagnie de la belle Hélène. Mais n'est-ce pas justement cette beauté grecque dont s'est servie, entre autres stratagèmes diaboliques, l'astuce de Méphistophélès pour détourner le docteur Faust de son laboratoire et pour l'éloigner de sa recherche scientifique? Buffon est-il tombé dans le même piège? Les critiques n'ont pas manqué pour reprocher à Buffon ce style sublime à outrance. Aussi Joubert note-t-il dans ses *Carnets*: "Mr de Buffon. Etale son plumage. Il est le paon"[31]. On reconnaît le cygne sous le plumage de ce paon. Pour être juste avec Buffon, cependant, il faut avouer que toutes les pages de son *Histoire naturelle* ne sont pas semblables et que l'auteur réserve l'emploi d'un style outré à quelques sujets plutôt rares. Quoi qu'il en soit, pour les partisans de Linné, le jugement sur le naturaliste Buffon se résume en l'aphorisme: *Stylo primus, doctrina ultimus*[32]. Et cette sentence, non moins sèche que l'ensemble de la nomenclature linnéenne elle-même, a finalement prévalu dans l'opinion de la communauté des savants et est parvenue à faire disparaître des annales de la science le nom de Buffon et les 44 tomes de son *Histoire naturelle*. Aussi Buffon, sous le regard méphistophélique de la postérité, est-t-il resté l'homme d'une seule petite phrase, sauvée de l'oubli peut-être justement par la profondeur de son ambiguïté. Mais sachons aussi rendre grâce à ce style parfois sublime à outrance de ces 44 volumes: sans lui Buffon n'aurait pas été élu à l'Académie française, il n'aurait donc pas prononcé son *Discours sur le style* et nous n'aurions pas, pour nous en réjouir ou nous en scandaliser, cette petite phrase

---

[30] Buffon: *Histoire naturelle*, t.IX (1783). On trouve ce passage aussi dans l'ouvrage de P. Dujarric de la Rivière: *Buffon. Sa vie, ses oeuvres. Pages choisies*, Paris 1971, pp.100 sqq. - Cf. Linnaeus: *Systema naturae*, Stockholm, 12ᵉ édition, 1766, p.194.

[31] Joseph Joubert: *Carnets*, Paris 1938, p.200.

[32] Lettre de J.-B. Aymen à Linné du 10-2-1754, citée d'après Lepenies, *Naturgeschichte*, l.c., p.154.

immortelle. N'est-ce pas le lieu ici de se souvenir, une nouvelle fois, de Méphistophélès, que Goethe évoque comme une force de l'univers "qui fait toujours le bien, quoiqu'il vise toujours au mal" (*die stets das Böse will und stets das Gute schafft*)?

Avant de terminer, il me faut encore échanger quelques paroles sérieuses avec le diable, j'entends avec celui qui est chargé de la stylistique. Mettons – ou plutôt, puisque depuis Goethe il est connu pour aimer cela, – parions que les très grandes oeuvres, dans la mesure où elles aspirent à la perfection absolue, soient probablement à classer parmi les principaux appâts dont se sert le diable pour faire oublier aux hommes de lettres que le style est une affaire humaine, foncièrement humaine. Dans le domaine des sciences du moins, y compris dans la très séduisante théorie des systèmes, il me paraît sage et prudent d'éviter les pièges de l'orgueil et de chercher ailleurs que dans la *maniera grande* les modèles de perfection du style scientifique. Mais où exactement? Près du pôle opposé peut-être, du côté de Linné, dans le voisinage de ceux de nos collègues scientifiques et littéraires, qui sont persuadés que dans les sciences, y compris les sciences humaines et sociales, l'absence de tout souci de la forme et de la culture linguistique caractérise d'une manière absolument fiable les meilleures productions scientifiques? Ce degré zéro du style de la publication serait donc pour la communauté scientifique une marque déposée et l'indicateur le plus fiable de la "scientificité" d'une recherche? Un critère de vérité, en somme? Il suffit déjà d'un petit échantillon de publications scientifiques, prélevé dans le *mainstream* de la recherche, tant de l'ancien que du nouveau monde, pour se faire une idée de la négligence et bien souvent du dédain orgueilleux que l'on y trouve affichés pour la forme langagière et pour tous les aspects du style. La vérité, à en croire ces témoignages, n'a son siège que dans la "chose", nullement dans les "mots". Je ne partage pas du tout cet avis et reste convaincu que dans une science digne de ce nom, si exacte et "dure" soit-elle, les objets ne se prêtent pas à être saisis sans l'intermédiaire d'une forme langagière adéquate, ne serait-ce que celle des chiffres et des symboles d'une langue formelle ou formalisée. C'est déjà à cette frontière que commence le domaine de la stylistique et peu me chaut alors de l'appeler style de pensée ou style de langage. Le diable ne nous en détournera pas, à condition pourtant que les amateurs de la stylistique y veillent et qu'ils ne dédaignent pas, en plus de la stylistique générale orientée vers la poésie et ses genres littéraires limitrophes, de se faire une idée convenable de ce que pourrait être de nos jours une science du style à l'usage des scientifiques.

Collège de France

La stylistique en tant qu'instrument de périodisation; une amorce.

G.J. Dorleijn

1. Quelle est l'authenticité du journal intime?

Quelle est l'authenticité du journal intime? Le journal intime est très authentique, si l'on en croit Hans Warren, journaliste et critique néerlandais, qui défend ce genre dans son article «Le journal intime comme forme d'art»: «Je suis attiré par la conscience d'apprendre quelque chose qui s'est réellement produit et qui n'a pas été inventé», dit-il entre autres. Warren doit sa renommée actuelle probablement surtout à la publication, depuis 1981, de ses propres journaux intimes, portant le titre de *Geheim dagboek* («Journal intime secret»), dont parurent jusqu'à présent douze volumes. Or quant à cet aspect important du journal intime qui est l'authenticité, il existe bien des doutes dans le cas de Warren. Adriaan Venema a tenté de démontrer à base d'arguments portant sur le contenu, que Warren a écrit certaines choses dans son *Geheim dagboek* qu'il n'aurait jamais pu savoir au moment où il prétend les avoir écrites. D'après Venema il ne faut donc pas se servir de son journal intime en tant que source historique, ce qui a pourtant été fait. L'authenticité du journal intime de Warren est donc mise en cause. Un journaliste du *Provinciale Zeeuwse Courant* (un journal régional néerlandais) pour lequel Warren travaille en tant que critique depuis à peu près un demi-siècle, s'arrête sur la question et donne à Warren l'occasion de se défendre: « La tempête du début de l'année a terriblement endommagé son toit. Cela a engendré pas mal d'histoires. C'est pour cela que ses archives ne sont plus en ordre. «Je ne sais pas si je vais le trouver comme ça.» Warren hésite. Mais... «Attendez, peut-être...» [/] Quelques minutes après il a organisé sa défense. Un coup d'oeil dans deux journaux intimes successifs, à première vue identiques, nous apprend qu'il n'est pas question de falsification. [...] «Venema n'a aucune preuve», déclara Warren. «Il sera prouvé que mon journal est incontestablement authentique et que les passages incriminés correspondent à l'écriture originelle. Dans ce pays il existe sans aucun doute un laboratoire judiciaire qui pourra confirmer cette affaire.[...]» [1]

Si seulement la science de la littérature pouvait donner un coup de main à ce laboratoire judiciaire et dater les journaux intimes de Warren! Si seulement on disposait d'un programme informatique qui nous permettait de caractériser des textes à base de particularités indissociables de leur époque, et de lier ces textes à une certaine période! Indépendamment du cas de Warren on aurait en main un instrument qui pourrait rendre de bons services à l'historiographie de la littérature.

---

[1] *PZC* mai 1990

Un tel ínstrument serait à portée de la main si nous insufflions une nouvelle vie à la stylistique. Cette stylistique devrait désigner les caractéristiques de texte propres à certaines périodes. A l'aide de cette stylistique on pourrait attribuer ces textes à une certaine période.

Dans cet article je voudrais faire quelques remarques sur une telle stylistique de périodisation. Avant de considérer cela de plus près j'aimerais d'abord faire une incursion dans le problème de l'attribution de textes à certaines périodes, ce que j'appelle «la capacité de périodisation», et pour cela je vais me servir de la musique comme exemple.

2. La capacité de périodisation

Depuis des années la radio néerlandaise émet tous les dimanches un programme portant le nom horrible de «Diskotabel» (trad. discotable), dans lequel des experts écoutent des disques compacts classiques récemment parus. A heure fixe l'animateur fait entendre une pièce de musique et les spécialistes doivent deviner le compositeur. En général il ne s'agit pas de la Cinquième de Beethoven ni de Eine kleine Nachtmusik, mais de pièces moins connues. Ce qui est remarquable c'est que les experts sont souvent près d'atteindre leur but: parfois ils devinent même le compositeur, mais en tout cas ils arrivent très bien à situer la pièce inconnue dans une période de style. Ils devinent, cherchent une réponse à haute voix - car c'est une émission de radio; il est donc possible de suivre la stratégie de solution des experts. Cette stratégie a plus ou moins une structure en forme d'entonnoir, dans laquelle on oppose les alternatives qui deviennent de plus en plus précises: «ce n'est pas du baroque ni de la musique ancienne, ce n'est pas du classicisme, ce n'est pas moderne donc c'est romantique; ce n'est pas du bas romantisme, ni du haut romantisme donc c'est du moyen romantisme; cela ressemble un peu au romantisme des années quarante, donc Berlioz, Mendelsohn ou Schumann; non, ce n'est pas français, mais plutôt allemand, donc Mendelsohn ou Schumann; on entend de ces caractéristiques typiques à Schumann, donc Schumann.» Peut-être qu'alors Schumann n'est pas la bonne solution et qu'il s'agit d'un compositeur moins connu qui travaillait dans le même style que Schumann, mais cela n'est pas important. Ce qui apparaît clairement c'est que les gens sont capables de lier une pièce de musique avec une certaine précision à une période de style.

J'aimerais faire quelques remarques sur cette capacité des gens de situer ces pièces. 1. Les personnes ne connaissent pas les pièces qu'elles doivent juger. 2. Leur capacité se base donc sur leurs connaissances, non pas des pièces spécifiques, mais d'un système de règles abstrait: le code de la période, ou le système de conventions d'une certaine période de style ou même la connaissance du style personnel d'un compositeur: l'idiolecte. 3. Seules les personnes qui ont étudié ces règles ont ces connaissances. Il s'agit en effet d'un forum d'experts composé de musiciens, de chefs d'orchestre, de critiques de musique et de musicologues, parfois accompagnés d'un amateur fervent ayant des connaissances étonnantes comme Maarten 't Hart (écrivain néerlandais). 4. Les connaissances sont en grande partie implicites: les spécialistes n'ont pas appris les règles du système de conventions ou de la période de style par coeur; en écoutant souvent de la musique et en jouant cette musique, on s'approprie ces connaissances plus ou moins inconsciemment. Effectivement les musiciens professionnels arrivent mieux que les amateurs à parler de leurs observations en des termes théoriques - «cette pièce ne se termine pas en tonique mais sur un accord de septième et c'est ce que Schumann fait régulièrement». En situant les pièces de musique, on explicite une partie des connaissances implicites (peut-être moins quand on observe et situe la pièce que lorsqu'on en parle). 5. Les connaissances sont intersubjectives. Les actions d'attribution sont renouvelables et testables.

Dans cet article je voudrais laisser de côté le fonctionnement de cette capacité, la nature de ces connaissances et la façon dont celles-ci sont appliquées. Ces aspects forment un problème complexe pour les sciences cognitives. Cependant il va de soi de faire une comparaison avec la compétence linguistique provenant de la linguistique générative, qui peut rendre de bons services en tant que métaphore programmatique.

Qu'est-ce que l'auteur identifie? Qu'est-ce qui déclenche le processus qui mène à une solution? En premier lieu ce sont des caractéristiques spécifiques à la pièce de musique, au texte musical. Ces caractéristiques se transforment pendant l'observation en des unités que l'on peut mettre en rapport avec des conventions, les règles d'un certain système musical (une période, une oeuvre). Ou peut-être que l'on pourrait même dire que pendant l'observation ces caractéristiques sont interprétées comme des règles d'un certain «système». Pour que les choses soient claires: j'emploie également les termes système, convention et règle dans un sens global, métaphorique.

Bien entendu il faut apporter un grand nombre de nuances compliquées à cette simple présentation. J'en cite quelques-unes. 1. Il y a le problème du genre qui connaît ses propres règles avec leur propre dynamique à travers certaines périodes et oeuvres. Un exemple provenant de la musique: la musique religieuse est restée relativement constante à partir du bas baroque jusqu'au haut romantisme: les partitions de messe de Haydn, Mozart et même Beethoven ressemblent sur un grand nombre de points à la musique chorale de Händel. 2. Il y a des traditions que l'on reconnaît à travers certaines périodes (par exemple la tradition française du 19ième siècle). 3. Inversement il existe à l'intérieur d'une seule période des «périodes» différentes (écoles, orientations, groupes) les unes à côté des autres. On peut au moins indiquer cinq systèmes différents dans la décennie de 1905-1914, que j'indiquerai ici tout simplement à l'aide des noms des compositeurs, leur composition et l'année: Debussy, La mer (1905), Mahler, Neuvième symphonie (1909), Rachmaninov, Troisième concerto pour piano (1909), Schönberg, Sechs kleine Klavierstücke op.19 (1911), Stravinsky, Le Sacre du printemps (1913).

Ceci prouve qu'il faut employer les termes «période» et «périodisation» au sens figuré. Période signifie alors: un système de conventions soumis à des règles et auquel se rattache un groupe d'artistes, éventuellement de différentes générations - donc successifs dans le temps. La périodisation implique la catégorisation de ce genre de groupes. Le temps ne signifie donc tout au plus qu'un seul paramètre qui souvent n'est même pas impératif. Un parallèle linguistique peut éclaircir cela: les systèmes de conventions sont comme les dialectes (quant à leur développement synchronique et diachronique) et comme les idiolectes (des caractéristiques inhérentes à l'oeuvre). La notion de dialecte surtout est féconde parce qu'on a tenu compte de la main ordonnante de l'observateur: on parle d'un dialecte en se servant de certaines isoglosses comme critère, mais on peut déterminer sa délimitation à son gré: on peut parler du dialecte d'une province entière, mais aussi du dialecte par exemple de la partie Est ou Ouest de cette même province et à l'intérieur de celles-ci des dialectes des sous-régions et des sous-sous-régions jusqu'aux dialectes des villages individuels, hameaux et quartiers. Et tout comme les experts de dialectes comme Higgins dans *Pygmalion* sont capables d'attribuer de nouveaux énoncés à un dialecte ou sous-dialecte, les historiens de la musique sont ainsi capables de situer des textes de musique dans une certaine «période».

Si en effet nous pouvons prendre comme point de départ le caractère cognitif de la capacité de périodisation et le caractère de règles des dialectes et idiolectes musicaux, l'idéal de l'ordinateur devra être réalisable. Il devra être possible de faire entendre ou de lire une pièce de musique à un ordinateur pour qu'il donne ensuite une caractéristique argumentée de cette pièce en termes de période de style. Et même s'il n'est pas possible de réaliser cet idéal rapidement ou même si cet idéal n'est pas du tout réalisable, il est quand même utile pour les historiographes de la culture de ne pas perdre de vue l'idée de cet ordinateur capable de diviser en périodes.

3. La stylistique et l'historiographie littéraire

Restons-en là en ce qui concerne la musique. J'aurais pu tenir le même raisonnement pour la littérature. Seulement la littérature passe pour un support plus compliqué. La musique connaît une codification simple et la littérature une codification double: en premier lieu par son système linguistique et ensuite aussi par les règles du système littéraire. Mais les experts de la littérature sont également capables de situer des textes littéraires dans une certaine période (dialecte, idiolecte) et ici de nouveau l'idéal de l'ordinateur pourrait nous aider à nous orienter; la conception d'un tel projet révèle des connaissances qui sont extrêmement importantes du point de vue de l'histoire littéraire.

Ici il faut également faire une remarque. Pour un ordinateur (et un chercheur) il est relativement facile de situer un texte sur la base de caractéristiques extérieures comme la typographie ou l'orthographe. Après le mouvement de 1880 beaucoup de poètes ont abandonné le principe de commencer chaque vers avec une majuscule, même s'il ne commence pas par une nouvelle phrase. Les poètes de la génération de 1910, ayant l'ambition de s'affilier à une ancienne tradition, font de nouveau appel à ces majuscules de début de vers. De la même façon il est simple de reconnaître le système d'orthographe dans lequel le texte a été écrit (et de le standardiser dans un programme informatique). Mais abstraction faite des particularités orthographiques et typographiques inhérentes à une certaine période de caractère superficiel, la périodisation de textes reste possible à base de caractéristiques appartenant à des catégories plus approfondies. Le travail de périodisation d'un ordinateur n'est utile qu'au moment où celui-ci se sert de ces catégories qui contiennent les données à base desquelles on peut rendre explicites les connaissances implicites de l'intuition des spécialistes.

En ce qui concerne la littérature ces catégories se rapportent en premier lieu aux phénomènes stylistiques, c'est-à-dire aux phénomènes qui se décrivent en des termes linguistiques et qui peuvent se présenter à tous les niveaux linguaux: phonique, morphologique, lexical, syntaxique et sémantique. Je suivrai ici la vision que développent Leech et Short dans leur fameuse étude *Style in fiction*[2]. Ils argumentent que pour éviter des catégories ad hoc il faut donner une «sound linguistic base» à l'analyse stylistique (p. 68), bien qu'ils reconnaissent que les théories linguistiques, surtout au niveau de la sémantique, sont «provisional and incomplete» (ibidem). De plus il y a deux autres domaines qui, strictement parlant, ne doivent pas être rattachés au terrain de la linguistique. Premièrement le niveau graphémique. Celui-ci est la plupart du temps d'importance secondaire, car arbitraire, sauf au niveau des interlignes, de l'emploi de majuscules et d'autres marquages textuels, ainsi qu'au niveau des textes dont la forme des signes typographiques est montée en icône (Van Ostaijen). Deuxièmement il y a le niveau macro-textuel (la structure thématique, cohérence, complexité), qui est difficile à standardiser. Pour toutes les opérations possibles à tous ces niveaux différents, qui se traduisent le mieux en les termes de Jakobson (déviance, équivalence, fréquence), j'aimerais renvoyer le lecteur au solide aperçu de Heinrich Plett dans son *Textwissenschaft und Textanalyse*. Ni ces opérations, ni les grands problèmes engendrés par toutes sortes de distinctions ne seront discutés plus avant dans cet article. Il y a suffisamment d'études pratiques et théoriques disponibles, également néerlandaises[3], qui parlent des possibilités et des restrictions dans ce domaine.

Par contre dans le cas de la néerlandistique, on n'a pas fait grand cas des recherches stylistiques centrées sur une problématique relative à l'histoire littéraire. Il est vrai que le paradigme axé sur les textes dominait à partir des années soixante jusqu'à la fin des années quatre-vingts. Bien que celui-ci souleva irréfutablement

---

[2] *Style in fiction; a linguistic introduction to English fictional prose.* Londres etc., 1981 (3ième édition 1984), chapitres 1, 2 et 3.

[3] Voir entre autres: Ton Anbeek: «De tastbaarheid van de tekens; over de poëzie-analyse van Roman Jakobson». Dans: *Forum der letteren* 13 (1972), p.148-161. - L.H. Mosheuvel: *Een roosvenster; aantekeningen bij* Een winter aan zee *van A. Roland Holst.* Groningue. 1980. surtout p.13-19. - G.J. Dorleijn: *Schuilgelegen uitzicht [...].* Amsterdam, 1984, tome II, p.5-24. Et récemment, en plus du livre de Bronzwaer *Lessen in lyriek; nieuwe Nederlandse poëtica.* Nimègue, 1993, la dissertation de Anja de Feijter: *«apocrief/de analfabetische naam; het historische debuut van Lucebert in het licht van de intertekst van de Joodse mystiek en Hölderlin.* Amsterdam, 1994.

des aspects stylistiques - dont en général la stylistique de déviance et d'équivalence à la Jakobson et Lotman formaient le cadre -, on cherchait à atteindre des fins herméneutiques et non pas historiques: l'analyse et l'interprétation de textes indépendants formaient le début et la fin de la recherche. Il est remarquable mais aussi déplorable que tout ce travail effectué dans un cadre ergocentrique - combien de textes n'a-t-on pas étudiés! - ait si peu donné lieu à des généralisations qui se rapportent aux systèmes de conventions (dialectes, idiolectes); dans des recherches «philologiques vieillotes» des années trente, quarante et cinquante (par exemple Stuiveling, Kramer)[4] on trouve souvent plus de matériel utile à cet égard que dans les recherches de ces trente dernières années, même si la thèse de Hugo Brems fait exception.

Mais la science de la littérature qui veut sortir de ces cadres de l'étude littéraire axée sur les textes, a aussi en grande partie laissé de côté les aspects stylistiques. La critique, souvent justifiée, sur le paradigme axé sur les textes a mené d'une part à un intérêt pour le contexte au lieu du texte (histoire de la culture, institutions, poétique, lecteurs) et d'autre part au traitement de texte de façon très particulariste provenant du poststructuralisme, qui se concentre surtout sur les détails stylistiques, tout en fermant cependant les yeux expressément sur toute généralisation relative à l'histoire littéraire[5]. Il y a eu des propositions de périodisation dans un cadre plus ou moins sémiotique - je pense au code périodique du modernisme de Fokkema et Ibsch. Ce genre de travail s'en approche beaucoup, mais reste finalement trop global (et trop herméneutique dans l'élaboration pratique) pour saisir suffisamment le système de conventions. A mon avis la sémiotique ne forme pas le bon cadre pour la recherche stylistique. Voici que de nouveau la science de la littérature se doit d'embrasser la linguistique, dont elle s'était malheureusement séparée après un mariage de courte durée dans les années soixante.

Dans la néerlandistique on a quitté le cadre qui s'oriente sur les textes et l'histoire littéraire est devenue populaire. Beaucoup de chercheurs se considèrent comme des historiens littéraires, même s'ils font aussi bien des recherches synchroniques (contexte) que diachroniques (la narration historique). Bien que l'historien littéraire fasse des remarques sur des aspects textuels, celles-ci sont en général ad hoc ou globales. On cherchera en vain une description de systèmes de convention en termes de caractéristiques de textes. Et il ne faut pas s'attendre à une telle description systématique, car la discipline a négligé l'instrumentation. Celle dont elle disposait s'est mise à rouiller et on a manqué d'adapter les instruments aux nouveaux développements.

Celui qui aimerait entendre des critiques sur la pratique de l'histoire littéraire aux Pays-Bas a raison, bien que je m'empresse de dire que cette critique

---

[4] G. Stuiveling: *Versbouw en Rythme in den tijd van '80.* Groningue etc., 1934. - W. Kramer: *Stilistische interpretatie van literaire kunst.* 2ième édition. Groningue etc., 1947.
[5] Aux Pays-Bas par exemple Ernst van Alphen dans son *De toekomst der herinnering; essays over moderne Nederlandse literatuur.* Amsterdam, 1993.

s'adresse également à l'auteur de cet article. Je pense que cette pratique de l'histoire littéraire pourrait s'enrichir à l'aide d'une stylistique qui se rapporte à l'histoire littéraire. Autrement dit: les historiens littéraires devraient de nouveau prêter attention aux caractéristiques de texte dans un cadre relatif à l'histoire littéraire, et chercher des généralisations importantes en coopération avec la linguistique moderne. En faisant cela l'idéal de l'ordinateur omniscient pourrait peut-être éclaircir le but. On cherche un programme qui sache, de façon subtile et intelligible, trier, classifier et caractériser des textes en termes de période de style: dialecte et si besoin est idiolecte. L'organisation de ce programme devrait se baser sur un modèle de classification raisonnable.

Existe-t-il un tel modèle? Non. *Style in fiction* de Leech et Short, mentionné ci-dessus, ne fournit qu'une «check-list» sous la forme de questions portant sur des données linguistiques et stylistiques, qui s'appliquent à des textes prosaïques[6]. Un contrôle d'initiation de la longueur des phrases (nombre de mots par phrase) suivi par des questions portant sur les quatre catégories principales: A comprend les catégories lexicales (nombre de mots dans les différentes classes de mots); B englobe les catégories grammaticales: syntaxe, type de phrases, complexité de la phrase (simple - composée), genre des groupes de mots et phrases subordonnées; sous C on trouve les catégories plus stylistiques, subdivisées en figures de son, mots et syntaxiques («schèmes»), comme la parallellie, et les tropes (déviances à tous les niveaux, parmi lesquels aussi les métaphores); pour terminer on trouve sous D les catégories macro-textuelles («context and cohesion») parmi lesquelles entre autres la relation entre les propositions, la cohésion lexicale, mais aussi des formes d'expression de la pensée et la caractérisation des personnages dans le dialogue. J'ai fait une expérience à l'aide d'une version adaptée au néerlandais (et pas plus que cela) de cette «check-list». Mon expérience est qu'il est quelque peu possible de travailler avec cette liste, mais qu'il se présente grand nombre de problèmes pratiques et méthodiques, par exemple à cause de la charge interprétative de certaines catégories.

Le but de Leech et Short est de donner une caractérisation stylistique des textes afin de pouvoir effectuer une analyse. Leur liste étendue - qui ne comprend qu'une partie des possibilités qui pourraient démontrer des phénomènes importants - s'applique sur un (fragment de) texte. Mis à part le fait qu'il s'agit d'une opération qui prend beaucoup de temps et que l'on a affaire à des catégories interprétatives, les résultats quantitatifs ne sont pas directement significatifs. On dispose d'une soixante-dizaine de catégories, grandes ou petites, on peut calculer des pourcentages et des nombres relatifs[7]. Leech et Short attribuent aisément une signification à leurs données en faisant des comparaisons: ils analysent trois fragments à l'aide de leur liste ce qui leur permet d'interpréter d'une façon plus simple les différences quantitatives et de les mettre en rapport avec des opinions

---

[6] Leech et Short donnent dans le chapitre 3 *«A checklist to linguistic and stylistic categories»* voir surtout p.75-82 et le tableau p.113-117.
[7] Voir aussi le tableau de Leech et Short, p.113-117.

(intuitives) sur la nature de chaque fragment. A cela s'ajoute que Leech et Short n'ont pas développé cette liste pour des fins d'histoire littéraire, mais comme mentionné pour des caractérisations (contrastives) de textes (fragments prosaïques), tandis que nous avons besoin d'une «check-list» pour nous aider à atteindre une caractérisation des textes relative à l'histoire littéraire.

C'est pour cela que la «check-list» n'est pas plus qu'un outil heuristique, comme Leech et Short concluent eux-mêmes aussi[8]. Les chiffres doivent être interprétés, les fréquences doivent être mises en rapport avec les prévisions (interprétatives) par rapport au texte. Ainsi on dirait que l'on fait de nouveau appel aux vagues distinctions herméneutiques dont on préférait se distancer. Nous avons besoin au contraire d'une théorie formulée de façon précise et qui nous fournit une vision de l'ensemble et qui nous indique à quels phénomènes nous devons faire attention (une telle théorie pourrait transformer de façon conceptuelle la check-list taxonomique et qui inventorie de Leech et Short). Du point de vue de la méthodique il reste beaucoup à faire, avant d'obtenir un instrument utilisable qui satisfait aux critères d'intersubjectivité, validité et maniement.

Un tel instrument basé sur une théorie riche et conservatrice n'existe pas, et pour cette raison beaucoup de gens laissent la recherche stylistique de côté. Mis à part la nécessité de la formulation de théories stylistiques, je pense qu'il est tout de même possible de traiter déjà un peu la stylistique, sans que l'on s'enlise dans l'ancienne herméneutique ou que l'on se rende à l'envie d'inventarisation aveugle qui manque de théories. On peut faire des observations plus ou moins fiables en faisant appel à nos connaissances intuitives. Je me réfère aux mêmes connaissances dont je parlais au début de l'article: les connaissances pour la plupart implicites et diagnostiques concernant les systèmes de conventions et dont disposent les personnes relativement compétentes. Ainsi il est possible d'obtenir un degré acceptable d'intersubjectivité à l'aide de moyens relativement simples. La procédure est la suivante. Nous prenons un (fragment de) texte. Nous faisons l'inventaire des phénomènes linguistiques et rhétoriques à l'aide d'une liste comparable à celle de Leech et Short. Nous confrontons les résultats avec nos intuitions du texte. Cela engendre par la suite une caractérisation du texte plus ou moins argumentée en des termes linguistico-stylistiques. Des chiffres qui en soi ne sont pas très significatifs (nombres relatifs, fréquences) peuvent devenir significatifs lorsqu'on les confronte avec nos prévisions par rapport à l'histoire littéraire: les chiffres nous aident à expliciter nos intuitions. Inversement nos intuitions par rapport à nos attentes concernant l'histoire littéraire d'un texte pourraient modeler la check-list. Le résultat serait une énumération de caractéristiques relatifs à l'histoire littéraire d'une période de style en des termes stylistiques.

L'exécution d'une telle opération nous éloigne bien entendu de l'ordinateur idéal qui saurait faire une caractérisation et une périodisation de tout texte. Mais

---

[8] «We stress that the list serves a heuristic purpose: it enables us to collect data in a fairly systematic basis» (p.75).

le fait d'effectuer quand-même ce genre de petites opérations nous permet d'affiner nos instruments et de développer une espèce de théorie de certains systèmes de conventions. Quant aux résultats de l'analyse de quelques fragments ou de textes entiers ils nous permettent d'améliorer nos prévisions et sans doute petit à petit de formuler des hypothèses. A ce niveau-là l'établissement de corps plus étendus nous rendra de bons services.

4. Deux exemples

A titre d'exemple, je voudrais traiter deux textes dont l'un est en prose et l'autre un poème. Voici d'abord le fragment de prose, le début d'une histoire:

> Barta deed de roestig-piepende raamluiken open, en zette ze vast op de wervels. De bont-bloeiende duizendschoontjes en de geel-roode muurbloemen grepen de wijde plooien van haar rok of ze haar vast wilden houden. Maar haar eeltig-bruine handen gingen niet als anders, vluchtig terloops over hen heen. Ze schudde ze achteloos af, slofte gedachteloos het portaal door, en kwam de kamer weer in.
>
> De dingen stonden nu niet meer dof-neer-slachtig te soezen in een schemerige vroegte. Warm-geel viel de zon naar binnen, en alles in de kamer kreeg een ander aanzien. Zilveren licht-sterren stonden op de buikige koffiepot, het gebarsten kopje en bord met roggebrood. Het tafelzeiltje had opeens weer een nieuwe gloed en van de blauw-geribbelde vaas met parelmoeren weerschijn, op de vensterbank, kon Barta haar oogen niet afhouden.
>
> Strammig ging ze zitten in een krakende leunstoel bij het raam, strikte haar mutse-banden nog eens over en tastte werktuigelijk langs de rits wit-steenen knoopjes van haar schootjak.
>
> De rimpels in haar oud-verweerd gezichtje trokken in het scherp-witte ochtend-licht nog dieper, en haar rood-omrande grauwe oogjes gluurden onrustig het kamertje door, en glimlachten vreemd-huilerig.
>
> Harm's groene occarina glinsterde ook weer zoo opvallend, naast de wit-spanen doos met het domino-spel op het wormstekig kabinet, en de bruin-gerookte pijpen in het rekje leken tintelend te bewegen of ze er pas opgehangen waren, net als de vergeelde krom-getrokken prenten die Hillegie nog 's, jaren terug, meegebracht had van school. Barta's haarlooze oogleden moesten opeens erg knipperen.
>
> «As 't kiend toch nog moar leefde,» soesde ze, «as 'k nog moar 's 'n ansproakie had, of dat Klaos d'r nog was...»
>
> Ze tuurde naar het verwasschen, flets-paarse katoen-met-de-witte-stippels van haar jak, en het was of al die witte vlekjes grillig dooreen warrelden, als hagel op de wind.
>
> «Hillegie,» zei ze in zichzelf, «Klaos...»
>
> En dadelijk verzette ze zich weer tegen haar verlangen. «Ach minsche, as ze toch in de hemel bint?»
>
> Meteen bad ze.
>
> Haar kleine hoofd in de heldere muts boog diep, haar kind stutte op haar ingevallen borst, ze vouwde haar oude knokelige handen als een kind ineen en haar gedeukte lippen prevelden beverig...
>
> Er kwam haar ook een bijbelwoord voor de geest, de verwonderlijk-berustende uitlating van Job: «De Heere heeft gegeven, de Heere heeft genomen, de naam des Heeren zij geloofd.» Zij kneep haar handen nog vaster te zamen, en dacht erbij aan Klaas Krikke, haar man, en aan Hillegie, haar dochter, die beiden al jaren dood waren, maar óok aan de

schâ die de nacht-vorsten gedaan hadden aan haar bouwtje in het voorjaar, en aan de twee zieke kippen.

Barta ouvrit les volets rouillés-grinçants, et les fixa à l'aide des tourniquets. Les oeillets de poètes multicolores-en fleurs et les giroflées jaunes-rouges saisirent les larges plis de sa jupe comme pour la retenir. Mais ses mains calleuses-brunes ne les effleurèrent pas légèrement en passant comme à l'accoutumée. Elle les secoua avec insouciance, passa machinalement sous le porche en traînant les pieds, et pénétra à nouveau dans la pièce. Les choses n'étaient plus voilées-prostrées dans le sommeil du petit matin. Un soleil jaune-chaud pénétra dans la pièce, et les choses prirent un aspect nouveau.

Des étoiles-lumière d'argent brillaient sur la cafetière ventrue, sur la tasse fêlée et sur l'assiette dans laquelle se trouvait du pain de seigle. La toile cirée brillait d'un nouvel éclat, et Barta ne pouvait détourner les yeux du vase bleu-strié aux reflets nacrés. Légèrement engourdie, elle alla s'asseoir dans un fauteuil qui craque près de la fenêtre, noua une fois encore sa coiffe-rubans et promena machinalement sa main le long de la rangée de boutons blancs-pierreux de sa blouse.

Les rides de son visage vieux-buriné se creusaient davantage dans la lumière crue-blanche du matin, et ses yeux gris rougis parcouraient la pièce d'une façon agitée. L'ocarina vert de Harm scintillait également à nouveau d'une façon particulière, à côté de la boîte blanche-éclissée contenant le jeu de dominos sur le buffet rongé par les vers, et l'on aurait dit que les pipes, noircies par la fumée, pétillaient de vie sur le râtelier, comme si l'on venait de les suspendre, tout comme les images jaunies et gondolées que Hillegie avaient ramenées de l'école, il y a bien des années. Les paupières dépourvues de cils de Barta se mirent d'un seul coup à cligner intensément.

«Si la petite vivait encore,» songea-t-elle, «si j'avais encore quelqu'un à qui parler, ou si seulement Klaas était encore en vie...».

Son regard se fixa sur le coton-violet-terne-à-pois-blancs délavé de sa blouse, et c'était comme si ces taches blanches tournoyaient pêle-mêle bizarrement, comme la grêle dans le vent.

«Hillegie,» se dit-elle au fond d'elle-même, «Klaas...»

Et elle réprima aussitôt ses désirs. «Ah, puisqu'ils sont au ciel!»

Elle se mit à prier sur-le-champ.

Sa petite tête dans la coiffe de couleur claire s'inclina fortement, son menton vint s'appuyer contre sa maigre poitrine, elle replia ses mains noueuses l'une dans l'autre comme un enfant et ses lèvres bosselées se mirent à marmonner en tremblotant...

Une phrase de la bible lui vint à l'esprit, les paroles étonnantes-et-auxquelles-on-se-résigne de Job: «L'Eternel a donné, et l'Eternel a ôté; que le nom de l'Eternel soit béni!». Elle pressa ses mains plus fortement, en pensant à Klaas Krikke, son mari, et à Hillegie, sa fille, tous les deux morts depuis des années, mais aussi aux dégâts occasionnés par les gelées nocturnes à sa petite récolte au printemps, et aux deux poulets malades.

J'ai soumis ce fragment à quelques collègues sans dire le nom de l'auteur et du titre. Personne n'a reconnu le fragment. Plus tard quand je leur ai donné tous les détails, ils ont admis qu'ils n'avaient jamais rien lu de cet auteur. Je pense que le fait de ne pas connaître ce texte ne signifie pas un manque de connaissances.

La plupart des personnes questionnées ont daté l'article au tournant du siècle dernier, jusqu'à 1910. Elles ont répondu être arrivées à cette date parce que le texte faisait preuve de la prose soi-disant réaliste-naturaliste de la fin du 19ième/début du 20ième siècle. Elles ont mentionné le grand nombre d'adjectifs (aussi bien qualificatifs que prédicatifs) et les adverbes, avec à l'intérieur de ces catégories la présence d'un nombre considérable d'adjectifs composés (conjonctions), parmi lesquelles quelques néologismes.

L'application de la liste de Leech et Short (sous une forme réduite et adaptée au néerlandais - pour l'instant je laisse l'élaboration exacte de côté) fournit en effet un grand nombre d'adjectifs et d'adverbes: le fragment contient 458 mots, dont 75 substantifs, presque 60 verbes, et ensemble quelque quatre-vingts adjectifs et adverbes. Bien que ces chiffres ne soient pas très significatifs si on ne les met pas en rapport avec les fréquences moyennes, on peut tout de même supposer que la catégorie d'adjectifs et d'adverbes est quelque peu marquée, surtout par la présence du grand nombre de compositions et de conjonctions supposées, moins fréquentes dans la langue courante: *roestig-piepend, bont-bloeiend, geel-roode, eeltig-bruine, dof-neer-slachtig, warm-geel* (et aussi: *flets-paarse katoen-met-de witte-stippels).* Pour mieux pouvoir étayer certains aspects on a donc besoin de données statistiques à propos du langage littéraire du genre en question ainsi que du langage non littéraire. Mais même sans ces fondements les observations ci-dessus peuvent résister à un support intuitif.

Malgré toutes les incertitudes concernant la signification de la quantité de cette catégorie d'adjectifs et d'adverbes, la qualité en est claire. Cette catégorie contribue à une grande mesure de modification des noms et des verbes. Autrement dit la catégorie linguistique et la façon spécifique dont celle-ci est remplie (néologismes et compositions) démontre une attitude sémantique que l'on peut mettre en rapport avec un canevas pictural et visuel (on fait également appel aux autres sens: «roestig-*piepend*» et «*warm*-geel», mais ceux-là semblent également être en rapport avec des impressions visuelles: *roestig-, -geel).*

Le deuxième aspect que l'on a observé dans ce texte est un changement de registre. Les passages que le personnage produit en discours direct sont dans une espèce de dialecte de la Drenthe (une province dans le Nord-Est des Pays-Bas). Ce dialecte procurait également des points de repère pour pouvoir situer le fragment; puisque dans le roman réaliste-naturaliste l'emploi «réaliste» d'une langue populaire et d'un dialecte est de bon ton.

L'analyse de ce fragment reste quelque peu médiocre, mais je pense pourtant qu'elle illustre bien la façon dont on est capable de formuler quelques caractéristiques du point de vue de l'histoire littéraire, ou pour mieux dire des caractéristiques de systèmes de conventions, dans un jeu d'ensemble d'une heuristique qui inventorie à l'aide de catégories stylistico-linguistiques et de connaissances de l'histoire littéraire. Mais il reste un long chemin à parcourir avant d'arriver à la procédure standard qui pourra être effectuée par l'ordinateur.

Le fait qu'aucune des personnes questionnées ne connaissait le fragment renforce mon point de vue. Ce n'est pas le texte que l'on reconnaît mais des caractéristiques (dans le cas présent des caractéristiques «réalistes-naturalistes») qui sont également présentes dans d'autres textes. Cependant le texte n'a pas été écrit autour du changement de siècle, mais en 1930. Pour les curieux: il s'agit d'une nouvelle d'Alie van Wijhe-Smeding intitulée «Als de zon weer schijnt...» de l'oeuvre *In de witte stilte.* La datation est donc fausse, mais la périodisation est correcte. La nouvelle d'Alie van Wijhe-Smeding représente en effet un genre devenu important autour du changement de siècle et qui ensuite a mené une vie dure pour tomber finalement dans l'oubli. Erica van Boven démontre dans sa thèse la façon dont les critiques des années dix, vingt et trente se tournaient à chaque fois contre ce genre de roman réaliste-naturaliste devenu roman féminin[9]. L'attribution à une période de style était donc correcte, seule la datation était imprécise; et cela s'explique sans doute par le fait que l'on travaille sans s'en rendre compte avec une notion de période trop rigide et trop restreinte, qui est trop liée aux dates et qui ne tient pas assez compte des différents segments qui se chevauchent («haut» et «bas») et qui se trouvent côte à côte («courants» et «genres»), enfin des polysystèmes. Ce cas nous permet aussi d'apprendre que les textes d'écrivains mineurs sont beaucoup plus caractérisants pour une période de style que ceux des écrivains à succès. Une histoire de la littérature qui ne se concentre que sur les maîtres canonisés manque ce qu'il y a de plus typique au niveau de l'histoire littéraire.

Le deuxième texte est le poème suivant:

Dit stille weder ben ik toegenegen
want zoo zijn dezen die niet veilig zijn
voor de vervoeringen, de vreemde pijn
en een verlangen dat verafgelegen
ligt in de schemeringen als een schijn,
binnen de fluisteringen reeds verzwegen;

Hun lichte oogen hebben zij recht open
op een beginnen achter tintelmist,
begonnen trillingen en een gegist
afwikkelen van hun verborgenst hopen -
een komen langs waar niemand wegen wist
en ingekeerd, en komt tot inkeer nopen.

Ce calme retour je l'affectionne
car ainsi sont ceux qui ne sont pas prémunis
contre les extases, la douleur insolite
et le désir qui est caché au loin
dans les crépuscules comme une apparence
au sein des murmures déjà tus;

Leurs yeux clairs sont grands ouverts
sur un commencement derrière le brouillard pétillant,
sur des vibrations naissantes et un dévidement
entrevu de leurs espoirs les plus secrets
sur des chemins que les autres ignorent
et rentrés en eux-mêmes, et sonne l'heure du repentir

---

[9] E.M.A. van Boven: *Een hoofdstuk apart; «vrouwenromans» in de literaire kritiek 1898-1930.* Amsterdam, 1992.

Je voudrais mettre l'accent sur deux observations stylistico-linguistiques (ici la liste de Leech et Short fournissait de nouveau des points de repère heuristiques). Tout d'abord la syntaxe. Le poème consiste en deux phrases (une phrase par strophe). Ces phrases sont composées. On découvre une coordination (*want* en phrase 1, *en* en phrase 2) et une subordination: des relatives introduites par *die* (vers.2), *dat* (vers.4), *waar* (vers.11). Ensuite on remarque qu'il y a un nombre considérable de propositions infinitives, autrement dit des rapports paratactiques avec des verbes conjugués sous-entendus: les compléments dans les vers 6, 9-10 et 11-12. Ces dernières phrases, qui cachent quelque peu leur caractère de phrase, ne sont pas étroitement liées aux autres parties de la principale; du point de vue syntaxique il est question d'une certaine imprécision (à laquelle correspond l'imprécision sémantique). La structure syntaxique de ce texte est donc raisonnablement compliquée à cause de la combinaison de coordinations et de subordinations (et à l'intérieur de ces subordinations une coordination) et une tendance à coordination hétéroclyte, la parataxe.

Le deuxième phénomène se fait remarquer au niveau lexical. De tous les neuf noms dans la deuxième strophe il y a quatre infinitifs nomalisés: *beginnen, afwikkelen, hopen, komen*. Ici je ne veux pas non plus considérer de plus près les effets possibles de ce phénomène: je remarque tout simplement que l'on pourrait ici de nouveau actualiser quelque chose comme une imprécision, et que ce phénomène de récatégorisation lexicale, peut être interprété de façon iconique telle la syntaxe quelque peu «opaque».

Ces deux observations, la coordination hétéroclyte syntaxique et l'imprécision lexicale, peuvent servir à expliciter l'attribution intuitive d'un dialecte ou idiolecte, donc la périodisation. J'ai également soumis ces textes à quelques collègues et de nouveau l'attribution était en grande partie explicite: ce poème rentre dans le système de conventions qui est à la base de la poésie qui surgit aux Pays-Bas après les années quatre-vingts, dans les années quatre-vingt-dix et plus tard et que l'on rencontre par excellence dans l'oeuvre de J.H. Leopold (des magazines littéraires ont marqué ses débuts en 1893), comme le rajoutaient certaines personnes.

Ce fait d'expliciter pourrait être appliqué plus avant en indiquant l'emploi spécifique de certains mots (*toegenegen, fluisteringen, tintelmist, ingekeerd*, et cétéra) et par là certains champs lexicaux, aussi bien que des phénomènes de son (métrique, rythmique) et d'autres patrons de répétivité. Finalement on pourrait ainsi obtenir une description complète des caractéristiques qui déterminent un système de conventions du genre poétique, à l'aide de laquelle on pourrait mettre au travail l'ordinateur dont on a parlé précédemment.

Cette fois-ci mes collègues avaient encore tort. En fait ce poème n'a pas été écrit par Leopold (bien heureusement dirais-je) et il ne date pas non plus des années autour du changement de siècle ou des années dix, mais on le retrouve dans l'oeuvre *Aan den ondergang* de Johan Huijts de 1925. Il y a certainement des personnes qui connaissent ce Huijts en tant que la personne qui dirigeait le *NRC* (un journal national néerlandais) pendant la guerre, et non pas en tant que poète.

Mes collègues sont d'ailleurs en bonne compagnie, car le critique M. Nijhoff, qui savait pourtant que l'oeuvre était de Huijts, n'y reconnaît que l'influence de Leopold: «Ne permettez pas qu'un orgueil furtif à souliers de feutre hante en réparant votre esprit», conseille-t-il au jeune poète, «excluez-le et admettez sincèrement que la première partie est à la Leopold, la deuxième partie à la Holst et que le poème de Huijts n'existe pas sans ces emprunts.» Plus loin Nijhoff cite notre poème et dit:«Ce sont tous des mots de Leopold, les assonances tendres de Leopold, sa syntaxe qui va au-delà de la fin du vers et qui provoque une rupture. Voilà pour les apparences extérieures. Mais le contenu alors? Y a-t-il un contenu? Relisez le poème et vous verrez qu'il n'y a rien, non seulement que ces murmures vides ne veulent rien dire, mais qu'ils chuchotent de façon solonelle et poétique: «rien». C'est Leopold qui parle, et toi tu rajoutes quelques traits d'union en nous demandant de ne rien dire».[10]

Comme dans le cas de Van Wijhe-Smeding l'attribution à un certain système de conventions est correcte dans le cas de Huijts. Les deux cas montrent qu'on est capable d'effectuer des attributions littéraires de façon intersubjective et au-delà d'expliciter et de formaliser les connaissances implicites requises. Une nouvelle stylistique à base linguistique peut contribuer à expliciter et formaliser davantage. A cet égard la périodisation sera liée à la langue - contrairement au courant de l'histoire littéraire internationalisante. Mais bien entendu il est fort possible de comparer entre eux les «dialectes» et les «idiolectes» de différentes langues, lorsque suffisamment de règles propres à une langue et appartenant à des systèmes de conventions ont été décrites.

Naturellement mes exemples sont minimes et l'explicitation peu fondée. Pour mieux pouvoir juger, on devrait disposer de corps de textes plus étendus, si possible linguistiquement précodés, et on devrait avoir développé des instruments permettant d'analyser le matériel linguistique. Dans le monde scientifique les linguistes ne sont pas vraiment en tête en ce qui concerne l'informatisation de leur matière. Mais en établissant de vastes fichiers de textes et en développant des méthodiques stylométriques, l'informatique pourrait être rendue productive. A ce niveau-là la linguistique, qui se sert beaucoup de corps depuis les dernières années, peut servir d'exemple.

5. L'histoire de OOIT

On a parlé de la stylistique à base linguistique comme outil de l'historiographie littéraire c'est-à-dire de la périodisation du point de vue de l'histoire littéraire. Je voudrais également mettre l'accent sur une autre forme de périodisation, ou plus exactement une forme de datation, dont le matériel est fourni par les corps établis par les linguistes. J'oriente mon discours vers un mot minuscule, à savoir le petit mot *ooit*. Les linguistes font la différence entre deux sortes de *ooit*: le *ooit*

[10] M. Nijhoff: *De pen op papier; verhalend en beschouwend proza, dramatische poëzie.* [...] Amsterdam, 1994, p.187.

classique et le *ooit* nouveau. Le *ooit* classique ne peut se présenter que dans des contextes négatifs-polaires[11]. Par négatif-polaire on entend les phrases négatives («Ik denk niet dat ik daar *ooit* zal komen» [Je ne pense pas *jamais* y aller]), les interrogatives, comparatives, superlatives («de witst glanzende rijst die ik *ooit* heb gezien» [Le riz le plus blanc que j'aie *jamais* vu]), des contextes avec *zonder* («zonder *ooit* te landen» [Sans *jamais* atterrir]), les conditionnelles («als het er *ooit* van zou komen» [Si *jamais* cela se produisait]), les soi-disant universelles («Alles wat je *ooit* hebt gedaan, is zinloos gebleken» [Tout ce que tu as *jamais* fait s'est avéré inutile]) et un groupe restant dont on ne parlera pas dans cet article. Cet *ooit* classique, négatif-polaire est comparable au *ever* anglais et au *jemals* allemand. La signification de cet *ooit* est du genre «wanneer dan ook», «wanneer ook maar» [N'importe quand]. Son emploi a un effet emphatique, rhétorique. L'intonation de ce mot est également particulière: l'intonation peut être renforcée (prolongée), ce qui renforce l'effet d'appel. «Als jij mij *o-o-i-t* zoiets aandoet, vermoord ik je» [Si *j-a-m-a-i-s* tu me fais quelque chose comme ça, je te tue].

A côté de cet *ooit* polaire il existe également un *ooit* qui ne se présente pas dans des contextes négatifs-polaires et que l'on appelle paradoxalement mais à juste titre spécifique-indéterminé. Cet *ooit*, en fait un adverbe de temps régulier, est en général remplaçable par *eens*, et il réfère à un moment (c'est pourquoi on l'appelle spécifique) imprécis dans le passé ou dans le futur. Quelques exemples: «*Ooit* was hier het strijdgebied tussen christenen en Moren» (passé) [Cet endroit fut *un jour* le champ de bataille des Chrétiens et des Maures], «*Ooit*, zei de kapitein, zouden die beelden uit elkaar getrokken worden» (futur) [*Un jour*, dit le capitaine, ces images seront dissociées]. Une autre caractéristique de cet *ooit* non-polaire, est le fait qu'il peut être mis en tête de la phrase, en position topique, ce qui est exclu dans le cas du *ooit* polaire. Lorsqu'il est accentué, cet *ooit* ne peut pas obtenir le même accent de longueur que son opposant et donc l'effet rhétorique et emphatique n'est pas le même.

La distinction entre les deux emplois différents de *ooit* est de date très récente, plus exactement, le nouvel *ooit* (non-polaire) n'est devenu un bien commun du néerlandais qu'au cours des années soixante: avant cette époque on ne le rencontrait presque pas du tout. Le corps de Hoeksema, comportant 1100 *ooit* présents dans dès textes littéraires ou non-littéraires de 1800 jusqu'à aujourd'hui, démontre clairement le développement du *ooit* non-polaire et du *ooit* topicalisé.

En suivant l'emploi de *ooit* chez les auteurs individuels, on s'aperçoit que personne ne se servait du *ooit* nouveau dans la première moitié des années soixante, et que, après, ces écrivains commencèrent également à utiliser plus ou moins le *ooit* temporel. L'écrivain Cees Nooteboom représente un cas intéressant dans ce contexte. Il est en effet devenu un partisan fervent du *ooit* non-polaire[12].

---

[11] Voir entre autres Jack Hoeksema: «Once upon a time in Dutch; the story of OOIT» (pas encore paru).

[12] Corps Nooteboom, établi par Dorleijn, Hoeksema, Zwarts.

Dans son oeuvre entière il totalise cinquante pour cent, ce qui est largement au-dessus de la moyenne générale. Nooteboom est un auteur à qui apparemment, et plus qu'aux autres, le nouveau *ooit* va très bien. Une petite parenthèse, hors de la problématique de la datation, peut démontrer que le corps concernant Nooteboom peut soutenir des suppositions intuitives.

Les critiques de Nooteboom ont plusieurs fois répété que le temps forme un thème important de son oeuvre. La grande fréquence de cet *ooit* non-polaire, le *ooit* temporel, (ici il est possible de comparer des fréquences grâce au corps Hoeksema) est un point de repère stylistique et peut étayer une compréhension interprétative. Une courte nouvelle comme *Het volgende verhaal*[13], dans laquelle le passé, le présent et le futur sont mêlés d'une façon particulière, fourmille de *ooit* non-polaires. On remarque une chose comparable dans *De omweg naar Santiago*. Certains lecteurs de Nooteboom sont impressionnés par la teneur littéraire et informative de ces récits de voyage, mais nourrissent en même temps des soupçons sur la teneur philosophique de ses propos. Ces réflexions philosophiques concernent le passé, la fuite du temps, l'éternité. Dans ce genre de passages la présence du *ooit* non-polaire est répététive, comme le démontrent les exemples suivants:

(1) De putti die daar hangen zijn vele malen groter dan jezelf bent, monsters zijn het, aan hun reusachtige enkels zijn de kettingen van de olielampen bevestigd en door de dwaasheid van die plek zie je hoe de Spaanse sacrale kunst in de latere eeuwen is leeggelopen in triomfalisme en sentimentaliteit en tegelijkertijd weet je dat dit gebouw het kan hebben, dat het deze vergulde overdaad makkelijk verdraagt omdat het geregeerd wordt door een andere maat, een andere ruimte, waarin een profeet kan lachen als een verliefde man, en tussen de slapende koningen van *ooit en toen* een leger van altijd dezelfde, altijd andere levenden heen en weer trekt als eb en vloed.

(1) Les putti qui y sont accrochés, sont beaucoup plus grands que toi, ce sont des monstres, les chaînes des lampes à huile sont attachées à leurs gigantesques chevilles, et la folie de cet endroit te montre comment l'art sacré de l'Espagne a évolué vers un certain triomphalisme et une certaine sensibilité dans sa période tardive, et en même temps tu sais très bien que le bâtiment peut le supporter, qu'il tolère aisément cette profusion de dorures, car il est régi par une autre mesure, un autre espace, où un prophète peut rire comme un homme amoureux, et parmi les rois endormis d'*autrefois*, une armée de vivants, toujours la même, toujours différente, va et vient comme vont les marées. (*De omweg naar Santiago* [Un détour par Santiago], p.401)

---

[13] Z. pl., Stichting CPNB, 1991.

(2) En toch is er, *ooit*, een tastbaar lijden met die namen en huizen verbonden geweest dat je, op straffe van vervalsing, niet meer in een demagogisch argument kunt onderbrengen, maar dat, op straffe van een ander soort vervalsing, als feit niet kan worden weggedacht.

(2) Il y eut pourtant, *un jour*, une souffrance tangible liée à ces noms et à ces maisons que l'on ne peut plus justifier par des arguments démagogiques, sous peine d'être accusé de falsification, et que l'on ne peut plus non plus écarter en tant que fait, sous peine d'être accusé d'un autre genre de falsification. (ibidem, p.295-296)

(3) In de stilte hoor ik een Spaanse vrouwenstem die het heeft over een 'Engelse beeldhouwer' die hier is komen wonen, maar als de hand die bij die stem hoort dan wijst op de kapitein in de kloostergang begrijp ik dat zij niet nu bedoelt, maar *ooit*, toen, in de tijd van er was eens, en vanuit die tijd kijken de ongeschonden zandstenen figuren naar ons, de leeuw met de zonnekop, de beelden van de schepping, van Eva uit Adams rib, van de eerste zonde en de verjaging uit het paradijs, van monsters en spotters en van Kaïn als boer en Abel als herder, het eeuwige panopticum waarvoor onze onwetendheid ons langzaam blind maakt zodat de betekenis voor ons zo vreemd wordt als een gastmaal van de Griekse goden.

(3) Dans le silence j'entends une voix de femme espagnole qui parle d'un «sculpteur anglais» qui est venu habiter ici, mais lorsque la main qui se rattache à cette voix désigne le capitaine dans le couloir du monastère, je comprends qu'elle ne parle pas de maintenant, mais *de ce jour*, de cette époque, de ce temps où il était une fois, et c'est depuis ce temps-là que nous observent les figures en grès immaculées, le lion à la tête en forme de soleil, les images de la Création, de Eve sortie de la côte d'Adam, des premiers péchés et de l'expulsion du Paradis, celles des monstres et des esprits maléfiques, celle de Caïn, en paysan, et celle d'Abel, en berger, ce musée éternel de figures en cire pour lequel notre ignorance lentement nous aveugle, de telle sorte que le sens des choses nous devient aussi étranger qu'un banquet de dieux grecs. (ibidem, p.369)

(4) Christus met zijn Middeleeuwse koningskroon en de blinde ogen van een Griekse god, de overspelige vrouw met het te grote gezicht en het Gorgonenhaar, met de kleine ronde borsten en de tegenspraak van het doodshoofd op haar schoot, iedereen was op de afspraak, en allemaal, ik ook, wachtten ze tot de koning zou gaan spelen, in een ander leven, in een ander millenium, later, *ooit*, als de wereld nog steeds niet vergaan is en jij weer terugkomt als iemand die je zelf niet meer zou herkennen.

(4) Le Christ avec sa couronne du moyen âge et les yeux aveugles d'un
dieu grec, la femme adultère au visage démesuré et à la chevelure de
Gorgone, aux petits seins ronds et le démenti de la tête de mort sur ses
genoux, tout le monde était au rendez-vous, et tous, moi aussi, attendaient
que le roi se mettent à jouer son rôle, dans une autre vie, dans un autre
millénaire, plus tard, *un jour*, lorsque le monde ne sera pas encore anéanti
et que tu réapparaîtras sous les traits de quelqu'un que tu ne reconnaîtras
pas. (ibidem, p. 395-396)

Dans l'oeuvre de Nooteboom le *ooit* non-polaire fonctionne donc comme moyen,
parmi d'autres, pour exprimer un certain temps philosophique; ce sont les signes
d'un temps perdu. Les faits historiques se pétrifient dans l'idée philosophique de
la précarité. Les artéfacts et les paysages ne donnent pas lieu à l'expérience
historique à la Huizinga - l'objet, l'espace évoquent le passé, le rendent tangible;
inversement, les objets et les localités géographiques vous font croire à l'idée que
tout est fini - cela va plus loin: chaque évènement est toujours passé, non
seulement ce qui appartient au passé, mais aussi ce qui a lieu dans le présent et
l'avenir. Nooteboom est un Prêcheur en Espagne. Les évènements ont bien eu lieu
à un certain moment, mais la détermination du moment exact n'est pas essentiel.
Tout ce qui se passe est couvert d'un voile de temps, flou et mystérieux. Une belle
philosophie au caractère «cheminée et un excellent verre de vin» prononcé, auquel
correspond bien le *ooit* temporel spécifique indéterminé.

Nooteboom imprègne tout de cette philosophie. Tout ce qu'il vit et voit en
tant que voyageur est nappé de cette sauce temporelle philosophique. L'amusant
est qu'il fait cela également lorsque l'information qu'il donne est bien déterminée
et exacte, autrement dit: Nooteboom emploi le *ooit* temporel indéterminé et flou
lorsque rien ne le justifie. Dans l'exemple suivant *ooit* est précisé par «het
Tertiair» [«l'ère tertiaire»]:

(5) Wat er aan de voet van die hoge schimmen ligt is nu niet zichtbaar, er
zijn alleen die twee grijze giganten, *ooit*, in het Tertiair, ontstaan uit een
woede-uitbarsting van de natuur.

(5) Ce qui gît aux pieds de ce grand spectre n'est plus visible, il ne reste
plus que ces deux géants gris, apparus *un jour*, à l'ère tertiaire, suite à une
explosion de colère de la nature. (ibidem, p.358)

«L'ère tertiaire» couvre bien entendu une vaste période peu délimitée; en
comparaison «vingt ans» est déjà plus déterminé (voir (6)) et «un peu plus de dix
ans» encore plus (7):

(6) *Ooit*, misschien wel twintig jaar geleden, was ik in Sangüesa.

(6) *Un jour*, il y a peut-être vingt ans de cela, j'étais à Sanguesa. (ibidem, p.194)

(7) Catalonië, Monaserio Santes Creus, voor de zoveelste keer heb ik mij van de geplande weg af laten dringen vanwege een naam, een woord. Ik was toch van plan naar het klooster van Veruela te rijden, waar ik *ooit*, ruim tien jaar geleden, al deze omzwervingen ben begonnen?

(7) Catalogne, Monaserio Santes Creus, pour la nième fois je me suis écarté de la route prévue à cause d'un nom, d'un mot. J'avais pourtant prévu de rouler jusqu'au monastère de Veruela, où *un jour*, il y a un peu plus de dix ans, j'ai commencé toutes ces pérégrinations? (ibidem, p.365)

Dans les exemples ci-dessus les mots *misschien wel* (peut-être) et *ruim* (un peu plus) apportent une certaine détermination, mais dans (8) l'indétermination de *ooit* est spécifiée de façon très exacte:

(8) En dat is dan nog maar de kerk van één stad, ergens ver in het westen, uit de route van de meesten; en zelfs in deze stad is het niet de mooiste, want die ligt buiten, in de heuvels, een van de oudste christelijke kerken die er nog bestaan, de Santa María de Naranco, *ooit* onder de regering van Ramiro de Eerste (842-850) gebouwd als de *aula regia*, nog tijdens zijn leven als kerk ingericht.

(8) Et ce n'est encore que l'église d'une seule ville, quelque part à l'ouest, en dehors des chemins fréquentés; et même dans cette ville ce n'est pas la plus belle, car elle se trouve en dehors de la ville, dans les collines, de nos jours c'est l'une des plus anciennes églises chrétiennes, la Santa Maria de Naranco, bâtie *à l'époque* du gouvernement de Ramiro Ier (842-850) comme l'*aula regia*, transformée en église de son vivant. (ibidem, p. 395-396)

Dans le dernier exemple (9), «autrefois en 913», où l'exact et l'indéterminé se rencontrent, il n'y a plus d'excuse valable. Le cuisinier aime tellement sa sauce qu'il la verse également sur des plats qui ne la supportent pas.

(9) Niets in dat landschap bereidt het oog erop voor, op de twaalf zo helder getekende bogen van het verlaten klooster van San Miguel de Escalada, *ooit* in 1913 door mozarabische monniken uit Córdoba gebouwd als een van de kerken die als een krans rond León lagen, de koningsstad van Alfonso III.

(9) Rien dans ce paysage n'annonce les douze arcs si purement dessinés du monastère abandonné de San Miguel de Escalada, construit *autrefois* en

l'an 913 par des moines mozarabes de Cordoba, comme l'une des églises
qui, comme une couronne, entouraient Leon, la ville royale de Alfonso III.
(ibidem, p.388)

Retournons à la problématique de la datation. Le fait que le nouvel *ooit* non-
polaire n'apparaisse pas avant le milieu des années soixante (sauf sous certaines
conditions[14]) nous offre un instrument de datation. Lorsque le *ooit* non-polaire
est présent dans le texte, celui-ci sera écrit au plus tôt au début des années soixante
et probalement plus tard, mais certainement pas avant.

Considérons de nouveau le corps Nooteboom. En 1993 parut *De koning van
Suriname* (Le roi du Suriname), un recueil de récits de voyage, publiés dans
Elseviers weekblad (un hebdomadaire néerlandais)[15] vers la fin des années
cinquante et en 1960 . On pourrait s'attendre à ce que le nouvel *ooit* n'y soit pas
présent. Mais ce n'est pas le cas. Le *ooit* non-polaire est bien plusieurs fois
présent. Nooteboom a donc dû commencer à employer le nouvel *ooit* déjà en
1958! L'hypothèse «*ooit*» (le nouvel *ooit* jamais avant les années soixante) est
ébranlée. Mais il est également possible de raisonner dans le sens inverse:
apparemment les textes des années 1958-1960 ne sont pas authentiques: ils ont été
écrits plus tard ou ils ont au moins été réécrits.

Cette dernière solution semble juste. Celui qui connaît quelque peu la
technique d'édition sait que beaucoup d'auteurs profitent de la réédition pour
revoir leurs textes. C'est aussi le cas de Nooteboom. Les exemples (10), (11) et
(12) prouvent que le *ooit* non-polaire n'apparaît dans les textes qu'après
modification[16].

(10) Er is een klok in een met zilveren verf beschilderde aan de muur
gekleefde omlijsting, *ooit* vervaardigd door Paul Garnier te Parijs.
(Nooteboom, *De koning van Suriname*, p.95 [1993]) [1958: Er is een klok
in een met zilveren verf beschilderde aan de muur gekleefde omlijsting. De
klok is in een grijs verleden vervaardigd door Paul Garnier te Parijs]

(10) Il existe une horloge, avec un encadrement recouvert de peinture
argentée fixé au mur, réalisée *autrefois* par Paul Garnier à Paris.
(Nooteboom, De Koning van Suriname [le roi du Suriname], p.95 [1993])
[1958: Il existe une horloge avec un encadrement recouvert de peinture

---

[14] Voir Hoeksema, à paraître.
[15] Amsterdam, Uitgeverij Maarten Muntinga bv, 1993 (Rainbow Pocketboeken). Toutes les histoires
du livre sont datées (du 3 août 1957 jusqu'au 20 août 1960). La préface et la nouvelle dont le livre
porte le titre sont de date plus récente (respectivement 1993 et juillet 1987).
[16] Le fragment (11) est d'ailleurs un bel exemple de la pédale droite du piano philosophique de
Nooteboom, avec laquel il aime bien voiler ses tons pendant les années quatre-vingt-dix, comme
un véritable Richard Clyderman.

argentée fixé au mur. Cette horloge fut réalisée dans un passé lointain par Paul Garnier à Paris]

(11) De vissers beginnen dan maar weer opnieuw en de toerist loopt verder naar waar tien mistroostige ossen een boot door het zand trekken, aangevuurd door spitse stokken en wilde kreten, die door merg en been gaan, en die klinken zoals ze *ooit* geklonken moeten hebben, honderd of vijfhonderd jaar geleden, en even denkt de reiziger dat hij al net zo lang bestaat. (inidem, p.132 [1993]) [1959: De vissers beginnen dan maar weer opnieuw en de toerist gaar een deurtje verder waar tien mistroostige ossen een boot door het zand trekken, aangevuurd door spitse stokken en wilde kreten die tot de Portugese oergrammatica moeten behoren.]

(11) Les pêcheurs recommencent encore une fois et le touriste poursuit son chemin en direction de l'endroit où dix boeufs abattus tirent un bâteau échoué sur le sable, aiguillonnés par des coups de bâtons pointus accompagnés de cris sauvages, qui vous pénètrent jusqu'à la moelle, et qui raisonnent comme ils ont dû raisonner *un jour*, il y a cent ou cinq cents ans, et pendant un court instant, le voyageur croit ressentir le poids de ses années. (ibidem, p. 132 [1993]) [1959: Les pêcheurs recommencent encore une fois et le touriste va un peu plus loin où dix boeufs abattus tirent un bâteau échoué sur le sable, aiguillonnés par des bâtons pointus et des cris sauvages qui doivent appartenir à la grammaire portugaise originelle.]

(12) Portretten van weldoorvoede stieren in weilanden, brieven van stieren, hoorns van stierenvechters, staarten van suppoosten, affiches met beroemde en vergeten namen van *ooit* en toen. (ibidem, p.154-155 [1993]) [1960: Portretten van lieve weldoorvoede stieren in weilanden, brieven van stieren, hoorns van stierenvechters, staarten van suppoosten, het houdt niet meer op.]

(12) Des portraits de taureaux bien en chair dans les prés, des lettres de taureaux, des cornes de toréro, des queues de gardiens, des affiches avec des noms célèbres et des noms oubliés *d'autrefois*. (ibidem, p. 154-155 [1993]) [1960: Des portraits d'adorables taureaux bien en chair dans les prés, des lettres de taureaux, des cornes de toréro, des queues de gardiens, cela ne s'arrête pas.][17]

Ce cas nous ramène en effet au problème de la périodisation et de la datation. On pourrait développer un test du mot *ooit* qui fonctionnerait comme test réactif. Les textes d'avant les années soixante (du milieu des années soixante) qui contiennent

---

[17] Exemples empruntés au mémoire de fin d'études de Karin Oldenhuis (Groningue, 1995).

cet *ooit* non-polaire sont suspects, ou plus exactement, ont été adaptés plus tard. Pour *De koning van Suriname* (Le roi du Suriname) contenant des textes des années cinquante, début années soixante, on pouvait conclure à l'aide d'un tel test que les textes avaient été adaptés après. Bon, tout cela n'est pas très grave. L'écrivain a le droit de changer ce qu'il veut lors de la réédition. Il est plus amusant de faire le test du mot *ooit* dans les textes qui prétendent être historiquement authentiques, comme par exemple les journaux intimes. Quel est donc le cas des journaux intimes de Hans Warren qui prétendent être écrits dans les années quarante et cinquante? Appliquons notre test à quelques parties de son journal intime datant des années quarante et cinquante.

La fréquence de *ooit* dans *Geheim dagboek*, volume 1 à 10.[18], indique que Hans Warren semble utiliser le *ooit* non-polaire déjà très tôt. Il s'écarte de façon significative de la tendance générale dont on a déjà parlé. Ici je ne me réfère qu'àux deux exemples, (13) et (14), où l'on retrouve le *ooit* non-polaire, ce qui était à cette époque très exceptionnel.

(13) Sartre is geweldig, die perfectie had ik *ooit* zelf willen bereiken; ik heb vrijwel alles van hem gelezen nu, ben nog bezig in *Le Sursis*. [1947]

(13) Sartre est magnifique, j'aurais voulu atteindre *une fois* cette perfection; j'ai pratiquement lu tout ce qu'il a écrit, suis encore en train de lire *Le Sursis*. (Hans Warren, *Geheim dagboek; II 1945-1948*. 1982, p.79 [1947])

(14) Het werd *ooit* clandestien uitgegeven door Stols (of door Pierre Seghers?), wat Isabelle Rivière diep heeft gekwetst, naar ze me zei. [1951]

(14) Il a été édité *une fois* clandestinement par Stols (ou Pierre Seghers?), ce qui a blessé profondément Isabelle Rivière, d'après ce qu'elle m'a dit. (Hans Warren, *Geheim dagboek; III 1949- 1951*. 1983, p.186 [1951]}

Vous pouvez maintenant objecter que Hans Warren est peut-être un novateur. Que si Hella S. Haasse a commencé très tard à utiliser le *ooit* non-polaire, Hans Warren a dû commencer très tôt. Et cette possibilité existe en effet. C'est pourquoi nous avons fait examiner l'usage de *ooit* dans le travail de Hans Warren publié dans les années quarante et cinquante[19]. Il s'agit surtout de magazines comme *Levende natuur, In weer en wind, De wandelaar* et *De wandelaar in weer en wind* - tous des magazines d'amateurs de la nature. On a également vérifié les articles publiés dans le journal le *PZC*, jusqu'en 1959, de telle façon que l'on a examiné son entière production de critiques de l'époque. Nous estimons l'ampleur de ce corps partiel aussi grande ou même plus grande que les journaux intimes correspondant

---

[18] Corps Zwarts et Mellema.
[19] Voir le mémoire de fin d'études de Astrid Mellema (sous la direction de Zwarts & Dorleijn).

de l'époque. Dans ce vaste fichier le *ooit* non-polaire n'a nulle part été retrouvé. Cela confirme notre hypothèse: les journaux intimes de Hans Warren ne sont pas authentiques.

Une telle conclusion revêt probablement une moindre importance pour l'historien littéraire. Mais ce qui est important c'est que la stylistique - une théorie et une méthodique stylistique à développer - peut tirer profit d'une base linguistique saine, et l'historien littéraire, d'une stylistique saine. Je n'ai pas été capable de fournir une telle stylistique. Pourtant j'espère que j'ai donné une impulsion à une discussion portant sur ce sujet, et qui mènera à un complément de la pratique de l'histoire littéraire et qui nous fournira *un jour* (*ooit*) l'ordinateur capable d'effectuer des périodisations.

Rijksuniversiteit Groningen

Pour une approche stylistique du 'courant' littéraire

Maarten van Buuren

Les problèmes dont je veux discuter dans les pages suivantes sont d'ordre pratique. Ils découlent de la production d'une série d'histoires littéraires écrites en néerlandais. Les principes sur lesquels cette série s'établit sont les suivants: la période traitée est celle de la littérature moderne (pour la France la période 1850 - présent); chaque histoire est articulée selon les principaux courants littéraires; ces courants sont situés dans leur contexte européen[1]. Ce dernier point permet de souligner la continuité entre les domaines littéraires isolés et de relier les volumes entre eux. Mais l'aspect principal et qui constitue un véritable défi, c'est de fonder stylistiquement la description de chaque courant. On demande aux auteurs de présenter chaque courant à l'aide d'une ou de quelques citations-clefs. Une micro-analyse, révélant les aspects formels, donnera lieu à une macro-analyse qui situe les citations dans leurs contextes littéraires et culturels. Je me servirai de quelques exemples pour donner une idée des principaux problèmes que pose une telle approche.

En 1891, Zola publia *La bête humaine*. Voici les premières lignes du roman:

> En entrant dans la chambre, Roubaud posa sur la table le pain d'une livre, le pâté et la bouteille de vin blanc. Mais, le matin, avant de descendre à son poste, la mère Victoire avait dû couvrir le feu de son poêle, d'un tel poussier, que la chaleur était suffocante. Et le sous-chef de gare, ayant ouvert une fenêtre, s'y accouda.
> C'était impasse d'Amsterdam, dans la dernière maison de droite, une maison où la Compagnie de l'Ouest logeait certains de ses employés. La fenêtre, au cinquième, à l'angle du toit mansardé qui faisait retour, donnait sur la gare...

La gare que Zola nous présente est la Gare St. Lazare, l'une des extrémités du trajet desservi par la Compagnie de l'Ouest, dont l'autre bout est la gare du Havre. Roubaud est sous-chef de gare, mais il ne travaille pas, comme on pourrait le supposer d'abord, à la gare Saint-Lazare. Il est sous-chef de la gare du Havre et il s'est rendu à Paris pour répondre d'un incident qui a eu lieu il y a quelque temps. Un sous-préfet, revenant de la chasse, avait pris place dans la première classe, bien que les règlements le lui interdisent. Roubaud l'a renvoyé à la deuxième classe, malgré les vives protestations du sous-préfet. Ce matin il est parti du Havre, avec sa femme Séverine. Ils se sont installés dans l'appartement de madame Victoire, une bonne amie des Roubaud.

Ce n'est pas un hasard si son appartement se trouve en haut d'un bâtiment appartenant à la Compagnie de l'Ouest et qui donne sur la gare. Un hasard non

[1] Les premiers volumes paraîtront en 1996 chez Martinus Nijhoff. La série se composera de cinq volumes consacrés à la littérature française, espagnole, anglo-américaine, allemande et russe.

plus si Roubaud se met à la fenêtre et regarde distraitement dehors. Zola choisit un point de vue stratégique qui lui permet de décrire le lieu qui servira de décor au drame qui va se dérouler.

Mais la gare n'est pas seulement un décor. Elle est, pour ainsi dire, le sujet de l'action. Zola avait décidé depuis longtemps de consacrer un roman aux chemins de fer. Et selon une habitude dont il ne s'écartait jamais, il avait composé tout un dossier où il gardait les résultats de ses recherches: résumés de livres sur les chemins de fer, descriptions de gares et de trains, enquêtes parmi les cheminots, compte-rendu d'un voyage sur une locomotive. Ce dossier lui servait de base pour son roman. Or le problème devant lequel il se voit posé au moment d'écrire, c'est de transformer ce savoir en une histoire romanesque. L'histoire qu'il va raconter doit lui permettre d'insérer d'une manière naturelle les fiches qu'il a recueillies dans son dossier. Nécessairement, cette histoire obéit à un certain nombre de conditions ou de 'contraintes' comme Philippe Hamon les appelle[2]. Pour justifier la description de la gare, Zola est 'contraint' de créer un regard (Roubaud) et un point de vue (fenêtre). C'est pourquoi les personnages dans le roman naturaliste ont tendance à se mettre à la fenêtre et à regarder distraitement l'objet que la fiche décrit en détail. Les fenêtres constituent un *topos* dans le sens littéral d'un lieu qui donne une libre vue sur l'objet que l'écrivain veut décrire, en l'occurrence la gare, les trains et les locomotives, les rails, les signaux et les autres accessoires. Mais la fenêtre est aussi un symbole poétical. Zola s'en sert dans ses articles et ses manifestes pour expliquer que la naturalisme donne une représentation objective de la réalité. Le roman, déclare-t-il, est une fenêtre transparente qui donne une vue sans entraves sur la réalité sociale de mon temps.

L'incipit de *La bête humaine* a donc pour but de motiver la description de la gare et cette motivation est un des traits fondamentaux du discours naturaliste. L'écrivain n'observe pas seulement la réalité, il l'explique et 'expliquer', pour Zola et ses amis naturalistes, veut dire: présenter la réalité comme une suite de causes et d'effets. Pourquoi le roman commence-t-il par la description d'une gare? Parce que Roubaud ouvre la fenêtre et regarde la gare en face de lui. Pourquoi Roubaud ouvre-t-il la fenêtre? Parce qu'il fait chaud dans la chambre. Pourquoi fait-il chaud dans la chambre? Parce que Madame Victoire a mis trop de poussier dans son poêle.

Mais j'allais oublier la toute première phrase qui mentionne en détail les comestibles que Roubaud vient d'acheter: le pain d'une livre, le pâté et la bouteille de vin blanc. Ces articles connotent un certain niveau social. Ils disent que Roubaud n'est pas un travailleur, car un travailleur ne peut se permettre pâté et vin blanc. Ils disent qu'il n'appartient pas non plus à la bourgeoisie, car les bourgeois ne font pas eux-mêmes leurs courses; ils ont, pour ce faire, des bonnes et des cuisinières. Les comestibles situent Roubaud dans une classe moyenne entre les

---

[2] Philippe Hamon, 'Un discours contraint', *Poétique 16*, 1973, 411-445. Voir du même auteur: 'Zola, romancier de la transparence', *Europe 1968*, 385-391.

bourgeois (les chefs de gare et la direction de l'entreprise) et les travailleurs (simples cheminots). Cette classe tout à fait intéressante se compose de travailleurs qui ont fait carrière et à laquelle appartiennent également les porions dans *Germinal* et les chefs de rayon dans *Au bonheur des dames*. Mais le pain, le pâté et le vin signifient encore autre chose. Ils renvoient aux fonctions vitales et primitives de l'homme, comme la suite du premier chapitre montrera. Madame Roubaud rentre après avoir couru des magasins de nouveautés pendant tout un après-midi. Roubaud l'a attendue, affamé et de plus en plus agacé. Quand elle rentre, elle l'apaise d'abord avec un petit cadeau, un couteau, ensuite ils se jettent sur le repas et ils se régalent. Le pain d'une livre, le pâté et le litre de vin disparaissent en un clin d'oeil. La nourriture ne leur suffit même pas, ils fouillent les placards de Madame Victoire où ils trouvent, heureusement, quelques croûtes oubliées. Roubaud, nous informe le narrateur, est un sanguin, c'est-à-dire, selon la conception médicale de l'époque, quelqu'un dont la constitution physique et psychique est entièrement déterminée par ses fonctions vitales et dont les capacités intellectuelles sont sous-développées[3]. Rien de plus normal, selon cette logique des tempéraments, que Roubaud, après avoir terminé son repas, a envie de faire l'amour. Mais Séverine étouffe son désir et dans la situation confuse et frustrée qui suit, un secret lui échappe. Le directeur de la Société des chemins de fer qui l'avait prise sous sa protection après la mort de ses parents a abusé d'elle dans son enfance. Cette confession mène à une première catastrophe. Roubaud perd le contrôle sur soi-même. Il voit rouge. Il arrange tout de suite une rencontre avec le directeur pendant lequel il le tue d'une manière bestiale.

Les conventions sociales sont un vernis; la bête sommeille en l'homme, toujours prête à s'éveiller. Tel est (à côté du thème des chemins de fer) le deuxième thème du roman. Zola venait de lire *Crime et châtiment* et il s'opposait radicalement à la manière dont Raskolnikov prépare et commet de sang froid un meurtre abject. Un meurtre était, selon Zola, la conclusion d'une suite fatale de causes et d'effets pendant laquelle l'homme perd la maîtrise de soi-même et frappe aveuglément, entraîné par des pulsions incontrôlables qui le ramènent au niveau d'une brute préhistorique.

Les premières phrases du roman donnent une introduction à la double thématique du roman. Elles dévoilent en outre le naturalisme comme un 'discours', c'est-à-dire comme une forme de langage qui vise un but précis et qui utilise pour l'atteindre un certain nombre de moyens stylistiques.

Je me suis laissé guider dans cette approche par la brillante étude d'Erich Auerbach, *Mimesis* (1946). Ce qui m'impressionne particulièrement dans ce livre c'est l'approche qu'on pourrait caractériser comme 'ponctuelle'. Chaque chapitre commence par une citation qui sert de point de départ pour décrire une époque entière de la culture occidentale.

---

[3] Les personnages zoliens, les rapports qu'ils entretiennent et la dynamique qui motive leurs actions sont dans une large mesure inspirés par les modèles médicaux de l'époque. M. van Buuren, 'Zola et les tempéraments', *Poétique 84*, 1990, 471-483.

Mimesis est une étude extrêmement enthousiasmante, mais difficile à imiter. Auerbach puise dans sa large érudition pour choisir les citations, faire l'analyse de leurs traits formels et établir le rapport entre ces traits et le contexte littéraire et culturel. Il admet que son approche est intuitive; il ne répond nulle part d'une méthode. Son étude peut-elle servir de guide pour une série d'histoires littéraires? Oui, mais à condition de résoudre quelques problèmes que *Mimesis* laisse ouverts. D'abord, le choix de la *période* comme unité mène à des problèmes pour les périodes dans lesquelles plusieurs formes littéraires parfois contradictoires se développent simultanément. Pour ne donner qu'un exemple: *La bête humaine* paraît à un moment (1891) qui est généralement considéré comme l'apogée du symbolisme. C'est pourquoi je préfère une approche qui présente la littérature comme un ensemble de courants qui peuvent se côtoyer, se chevaucher, se mêler ou se distinguer. Ensuite, l'approche ponctuelle (une citation par chapitre) est très effective, mais difficile à maintenir rigoureusement dans une histoire littéraire. Mieux vaut montrer les principales variantes des courants à l'aide de quelques citations soigneusement sélectionnées. Dans le chapitre consacré au réalisme/naturalisme, il me semble important, par exemple, d'insister sur l''écriture artiste' des frères Goncourt, variante qui se développait en marge du courant principal. Les frères Goncourt étaient convaincus que le but du réalisme (représentation de la réalité sociale contemporaine) devait se doubler d'un but stylistique (la représentation devait être 'artistique', c'est-à-dire formulée dans un langage élégant et raffiné). Cette variante se développa comme un courant important dans les pays autour de la France. Elle se manifesta sous le nom de 'réalisme poétique' en Allemagne (Fontane), sous celui de 'sensitivisme' aux Pays-Bas (Van Deyssel) et sous celui d''aestheticism' en Angleterre (Walter Pater). De cette manière, les contrastes intérieurs parmi les variantes du courant et les contrastes extérieurs avec les courants avoisinants (naturalisme et symbolisme; naturalisme et décadence), seront relevés à l'aide d'analyses contrastives. Mais c'est surtout quand Auerbach fait allusion au fonctionnement de la littérature que je prends quelque distance. Auerbach considère la littérature comme la représentation (mimesis) de la réalité. La question est de savoir ce qu'il entend par 'réalité'. Il semble penser plutôt à l'Esprit (Geist) qu'à la réalité sociale. Je préfère, quant à moi, considérer la littérature comme un discours qui vise un certain effet auprès du lecteur et qui se sert de moyens stylistiques précis pour atteindre cet effet. Cette définition rapproche le courant littéraire de la rhétorique classique; je pense en particulier à la distinction entre d'une part le but que l'orateur se pose et les arguments dont il se sert (l''ars persuadendi' qui s'appuie fortement sur l''inventio') et, d'autre part, les moyens stylistiques et en particulier les figures (l''ars bene dicendi' qui s'appuie sur l''elocutio'). Dans notre exemple: Zola poursuit un but qu'on peut qualifier de 'didactique'; il veut instruire; *Les Rougon-Macquart* sont une entreprise encyclopédique. Pour atteindre ce but, Zola se sert de certains moyens stylistiques: motivation fortement accentué, préférence pour certains 'lieux'[4] comme la fenêtre et qui ont ceci de commun qu'ils mettent l'accent sur l'illusion mimétique, c'est-à-dire l'illusion que le roman n'est rien d'autre que le compte rendu fidèle de la réalité sociale, une fenêtre qui donne une vue sur le monde dehors. Le but visé n'est pas, en général, explicité et doit être déduit des oeuvres littéraires[5]. Et même s'il est explicité dans des écrits programmatiques, il s'écarte généralement des textes littéraires qui sont censés le réaliser. Le programme quasi-scientifique de Zola s'écarte considérablement de l'effet que ses romans visent en réalité. Cet effet est implicite et se laisse comparer à ce que Riffaterre appelle une 'matrice'[6].

Prenons, pour illustrer le contraste entre le naturalisme et le symbolisme qui se développe simultanément et en opposition avec lui, un petit poème sans titre écrit en 1869 par Paul Verlaine et qui est inséré comme le numéro VI dans *La bonne chanson*:

La lune blanche
Luit dans les bois;
De chaque branche
Part une voix
Sous la ramée...

O bien-aimée.

L'étang reflète,
Profond miroir,
La silhouette
Du saule noir
Où le vent pleure...

Rêvons, c'est l'heure.

Un vaste et tendre
Apaisement
Semble descendre
Du firmament
Que l'astre irise...

C'est l'heure exquise.

---

[4] Lieux ou topos dans le sens d'une figure macro-structurale.
[5] Un exemple. Le modernisme qui ne fut reconnu comme courant littéraire que dans les années soixante semble poursuivre le but quelque peu paradoxal d'évoquer d'une part les aspects de la modernité et d'en exorciser d'autre part les effets angoissants par la restauration de formes classiques et même classicistes.
[6] Michael Riffaterre, *Semiotics of Poetry*, Methuen, Londres, 1978.

Le vocabulaire de ce poème est extrêmement simple, voire banal. Il contraste fortement avec le vocabulaire excentrique de Rimbaud et avec les singularités maniéristes de Mallarmé. La syntaxe est également très simple. Les phrases ne révèlent aucune déviation et, chose plus importante, elles ne constituent pas une construction logique ou grammaticale suivie. C'est une deuxième différence importante par rapport aux poètes contemporains avec qui Verlaine se sentait apparenté. Tandis qu'un Baudelaire ou un Hérédia considéraient leurs poèmes comme un discours ou une histoire qu'ils traduisaient en une longue phrase suivie, le poème de Verlaine est discontinu. Il se compose de plusieurs impressions pittoresques isolées, on dirait des haïkus, entre lesquels le lecteur doit établir des rapports.

Cette simplicité est voulue. La construction du poème, son apparente ingénuité, sont le fruit d'une construction réfléchie. Chaque strophe se compose de deux petites phrases dans lesquelles, chaque fois, un élément élevé est mis en rapport avec un élément bas. La lune, le vent et les étoiles émettent des signes qui sont reçus par le bois, l'oiseau le saule et l'étang. Même le couple amoureux (qui reste d'ailleurs en marge du tableau) obéit à cet appel.

La nature entière semble trembler de correspondances qui se composent, dans un premier temps, de cinq rapports 'verticaux' entre éléments élevés et éléments bas (lune → bois; branche → oiseau, vent → saule; saule → étang, firmament → descendre) et, dans un deuxième temps, de rapports 'horizontaux' qui unissent les cinq couples en une harmonie. Les correspondances suivent donc (comme des notes musicales qui s'organisent en accords et les accords en harmonies) deux directions.

Le dernier vers, 'C'est l'heure exquise', accentue le caractère exceptionnel de cette harmonie. Il faut que l'homme s'ouvre aux signes qui l'entourent pour que, dans une ambiance privilégiée (au bord de la mer, dans un bois, par un ciel serein) et à un moment exceptionnel (soleil couchant, silence nocturne) les accords s'unissent en une harmonie.

Ce n'est pas un hasard si les amoureux restent en marge du tableau. Juste avant le dénouement tumultueux de sa liaison avec Rimbaud, Verlaine écrit une lettre à un ami, dans laquelle il dit: 'Je caresse l'idée de faire - dès que ma tête sera bien reconquise, - un livre de poèmes (..) d'où l'homme sera complètement banni. Des paysages, des choses, malice des choses, bonté...' (Lettre à Lepelletier, 16 mai 1873). La dépersonnalisation à laquelle Verlaine fait allusion marque une rupture avec les Romantiques (Baudelaire inclus) pour qui le symbole réfère au 'Je' du poète. Verlaine prend donc distance par rapport à Baudelaire, sans aller aussi loin que Mallarmé qui à un certain moment constate que son ego a cessé d'exister. La fin de la citation pourrait suggérer que la dépersonnalisation implique, pour Verlaine, le transfert de qualités humaines sur la nature environnante. Mais ce n'est pas le cas. Regardons de plus près. La nature fait, dans ce poème, des choses que l'homme fait normalement: l'oiseau a une voix, le saule une silhouette, le vent pleure, le reflet sur l'étang et la descente de l'apaisement prennent des traits humains. Un rapport subtil et complémentaire lie ces personnifications à l'expulsion de l'homme du poème. Mais il serait faux de considérer l'harmonie naturelle comme le reflet des sentiments du couple amoureux. L'entente entre les amoureux s'enchaîne comme un accord dans l'harmonie universelle. Le mot 'stemming' (allemand 'Stimmung') qui était très en vogue chez les poètes néerlandais des années quatre-vingt (les 'Tachtigers') est le meilleur terme pour l'indiquer et j'ajoute que pour les poètes néerlandais ce terme signifiait également une unité harmonieuse plutôt qu'une projection de sentiments. L'un des derniers livres de Leo Spitzer (autre géant de la stylistique qui nous a servi d'exemple dans l'esquisse de notre projet) portait sur l'étymologie de mot 'Stimmung'[7]. L'harmonie des sphères y joue un grand rôle. Spitzer se restreint aux sources antiques et chrétiennes de ce mot. Il s'arrête au XVIIIe siècle et ne mentionne pas le succès de ce mot à la fin du XIXe siècle. Il serait intéressant d'étudier de plus près l'importance de 'Stimmung' pour la fin du siècle dernier.

Le symbolisme connaît un développement dont les phases peuvent être distinguées à l'aide de contrastes stylistiques. Un certain nombre de traits stylistiques distinguent *Correspondances* de Baudelaire, situé au début du symbolisme, de la *Chanson VI*. Le sonnet baudelairien est, contrairement à la chanson de Verlaine, un texte discursif. Il développe un argument avec un début (la définition de ce que c'est qu'une correspondance) et une fin (aperçu détaillé de divers types de correspondances). Baudelaire explique la 'Stimmung'; Verlaine l'évoque. Au début de son texte, Baudelaire fait allusion à la nature divine des correspondances. Mais le second vers met en doute cette inspiration divine: la nature n'énonce que 'parfois' des paroles qui sont 'confuses' par-dessus le marché:

> La Nature est un temple où de vivants piliers
> Laissent parfois sortir de confuses paroles;
> L'homme y passe à travers des forêts de symboles
> Qui l'observent avec des regards familiers.
>
> Comme de longs échos qui de loin se confondent
> Dans une ténébreuse et profonde unité,
> Vaste comme la nuit et comme la clarté,
> Les parfums, les couleurs et les sons se répondent.

La correspondance ('Stimmung') qui était pour les romantiques la preuve d'un univers guidé par Dieu, se détraque chez Baudelaire. La dimension métaphysique commence à bafouiller. Les symboles que Baudelaire mentionne dans la première strophe suggèrent un rapport vertical incertain entre ciel et terre; dès la deuxième strophe ils ne fonctionnent plus que horizontalement, comme des rapports entre des sensations.

---

[7] Leo Spitzer, *Classical and Christian Ideas of World Harmony. Prolegomena to an Interpretation of the Word 'Stimmung'*, Johns Hopkins Press, Baltimore, 1963.

Verlaine amène une nouvelle phase du symbolisme quand il se pose pour but d'évoquer cette correspondance par des moyens poétiques. Mais il est à son tour dépassé par Mallarmé. Pour Mallarmé (je parle du dernier Mallarmé, celui des poèmes hermétiques), le concept de correspondance est aussi essentiel que pour les autres poètes symbolistes. Mais il consiste pour lui en la mise en accord, à l'intérieur du poème, des matériaux de la langue. La correspondance ne renvoie plus à un thème que le poète évoque à l'aide de la peinture d'un paysage enchanté, mais à l'organisation des sons, des images, des rythmes et des figures syntaxiques. La pureté de cette organisation devait pouvoir faire concurrence à la partition musicale. Son harmonie interne devait épuiser et exclure la dimension référentielle et conférer au poème un statut autonome. Examinons un moment ce petit poème, paru en 1891, et n'oublions pas que dans cette même année parut *La bête humaine*:

Eventail (de Madame Mallarmé)

Avec comme pour langage
Rien qu'un battement aux cieux
Le futur vers se dégage
Du logis très précieux

Aile tout bas la courrière
Cet éventail si c'est lui
Le même par qui derrière
Toi quelque miroir a lui

Limpide (où va redescendre
Pourchassée en chaque grain
Un peu d'invisible cendre
Seule à me rendre chagrin)

Toujours tel il apparaisse
Entre tes mains sans paresse

Le poème est presque inaccessible. Les mots sont ambigus, les compléments sèment le doute, la syntaxe est disloquée, la thématique diffuse. Chaque mot semble un carrefour à partir duquel la lecture peut être poursuivie dans plusieurs directions.

Le nombre des directions n'est pourtant pas illimité. Le poème se compose de trois champs sémantiques entre lesquels une mystérieuse correspondance s'établit: 1. la situation dans laquelle Madame Mallarmé, assise devant son miroir, s'évente avec son éventail; 2. l'aile qui s'élève dans le ciel en battant; 3. la plume en train d'écrire le poème. Les mots appartiennent en principe à l'un de ces trois champs. Le poème est une natte dont je débrouillerai les trois écheveaux dans l'intérêt de l'analyse:

éventail	aile	plume

éventail

                                              avec comme pour langage

      rien qu'un battement aux cieux

                                              le futur vers se dégage
                                              du logis très précieux

      aile tout bas la courrière

cet éventail si c'est lui
le même par qui derrière
toi quelque miroir a lui
limpide

                                              (où va redescendre
                                            pourchassée en chaque grain
                                            un peu d'invisible cendre
                                            seule à me rendre chagrin)

toujours tel il apparaisse
entre tes mains sans paresse

      Bien sûr, un tel débrouillement est artificiel. Le but du poème est justement de transférer des mots qui à l'origine appartiennent à un seul champ sémantique aux deux autres. Chaque écheveau signifie les deux autres. Le geste avec lequel Madame Mallarmé dégage l'éventail de sa gaine évoque l'aile qui se déploie et se lève dans le ciel et la plume qui, sortie de son porte-plume, plane au dessus du papier. Le miroir dans lequel apparaît l'éventail est le ciel dans lequel passe l'aile et la feuille de papier au dessus de laquelle danse la plume.

La parenthèse est mystérieuse. Hugo Friedrich suggère quelque part[8] que la cendre descendant de l'air peut faire allusion aux premiers cheveux gris de Madame Mallarmé, mais il admet tout de suite que cette suggestion est hasardeuse. Le passage ne réfère-t-il pas plutôt au sable qu'on versait jadis sur le papier pour le faire sécher? Cela expliquerait les grains chassés et qui peuvent être aussi bien les grains de sable que le grain du papier. La cendre reste énigmatique, mais on pourrait penser au sable rendu terne par l'encre et qui attriste le poète: couvrir le poème de sable signifie que le poème est désormais fini.

Si Baudelaire explique les correspondances et que Verlaine les évoque, Mallarmé les traite comme des correspondances entre des champs de mots. Il pousse cette vision à la dernière limite dans *Un coup de dés*, constellation d'une telle perfection qu'elle révélait, selon Mallarmé, la cohérence de l'univers extra-littéraire. On constate d'ailleurs, en suivant de près l'évolution du symbolisme, combien le concept de 'symbole' change de Baudelaire à Mallarmé. Pour Baudelaire le symbole est presque toujours un objet concret (albatros, flacon, cabinet) symbolisant le poète. Pour Verlaine ce sont des sensations (concrètes et réversibles) qui renvoient à d'autres sensations et à la correspondance générale qui

---

[8] Hugo Friedrich, *Die Struktur der modernen Lyrik*, Rowohlt, Hamburg, 1956.

les unit. Pour Mallarmé, enfin, ce sont des éléments textuels qui renvoient les uns aux autres dans une correspondance immanente au poème.

Si le discours naturaliste vise l'illusion mimétique et se sert, pour l'atteindre, d'un style dominé par la figure de la motivation, le symbolisme prend son contre-pied pour suggérer l'existence de rapports invisibles qui s'organisent parfois en une mystérieuse harmonie. Sa figure préférée est la correspondance. Les deux courants se fondent sur un style particulier dont j'ai souligné succinctement le but et les moyens. Le contraste motivation - correspondance résume en une formule trop simple le contraste entre les deux courants. J'ai seulement pu indiquer la complexité de ce fondement stylistique en signalant les façons diverses dont Baudelaire, Verlaine et Mallarmé utilisent le concept de la correspondance. Traiter les courants littéraires comme des ensembles stylistiquement cohérents, telle était la possibilité que j'ai essayé de faire entrevoir.

Sur quelle base théorique faut-il fonder une telle approche de l'histoire littéraire? La voie fut tracée par des prédécesseurs illustres comme Leo Spitzer, Erich Auerbach et Helmut Hatzfeld, mais la tradition dont ils sont les représentants est bientôt vieille d'un demi-siècle. Elle n'est guère suivie par les chercheurs actuels. Les études récentes de la stylistique ne traitent plus du rapport entre style et histoire littéraire. Elles s'intéressent presque exclusivement à la micro-stylistique, une orientation qui résulte, je crois, du souci de fonder scientifiquement la stylistique par le moyen de techniques empruntées à la linguistique, la statistique et la théorie de la réception empirique. Quelques propositions ont été faites pour une macro-stylistique[9], c'est-à-dire une stylistique qui s'occupe d'unités qui transgressent le niveau de la phrase (la micro-stylistique s'occupant des unités au-dessous de ce niveau). Mais les macro-unités ne dépassent que rarement le niveau de l'oeuvre littéraire isolée et même ces unités semblent poser des problèmes quasi insolubles. Sowinski illustre sa proposition d'une macro-stylistique à l'aide de l'analyse d'un conte de Thomas Mann, mais il admet qu'il est incapable de décrire tous les traits formels du conte et il se restreint à certaines catégories selon lui exemplaires. Cette concession révèle un problème crucial. L'historien de la littérature qui travaille dans une perspective stylistique est obligé de faire un choix préalable parmi les catégories stylistiques qu'il veut étudier. Le problème auquel il se heurte est celui du cercle herméneutique. Quand il signale les caractéristiques stylistiques d'un certain texte, d'une oeuvre ou d'un courant littéraire, il ne le fait qu'à partir d'une idée préalable de ce que c'est que ce texte, cette oeuvre ou ce courant. Cette idée, il l'a obtenue en étudiant les détails stylistiques de ces textes, oeuvres ou courants. La stylistique actuelle se sert de cet argument (sans toutefois le formuler en ces termes) pour nier la possibilité d'une application de la stylistique au domaine de l'histoire littéraire et pour stimuler une micro-stylistique

---

[9] Voir Harald Weinrich, *Textgrammatik der französischen Sprache*, Stuttgart, Klette, 1982. Bernhard Sowinski, 'Makrostilistische und mikrostilistische Tekstanalyse: Thomas Manns "Luischen" als Beispiel', in Bernd Spillner (Hrsg.) *Methoden der Stilanalyse*, Narr, Tübingen, 1984, 21-49.

quasi scientifique[10]. A tort, je crois. Il est possible et souhaitable de fonder stylistiquement l'histoire littéraire et je n'hésite pas à qualifier de 'scientifique' le va et vient prudent entre la partie et le tout.

Universiteit Utrecht

---

[10] Ma réponse aux sceptiques qui supposent que la micro-analyse donne une plus haute garantie de scientificité, serait que le problème herméneutique est aussi incontournable au niveau de la macro-analyse qu'à celui de la micro-analyse.

Le style c'est le souvenir

Une approche psychanalytique du style littéraire

Henk Hillenaar

A ses origines/la psychanalyse s'est presque exclusivement intéressée au contenu de l'oeuvre d'art: aux personnages représentés par l'artiste et à ce qui leur arrivait dans le livre, sur la toile ou dans la pierre. Suivant en cela l'exemple de leur maître, les premiers élèves de Freud s'abstenaient d'étudier 'le mystère' de la forme ou du style des oeuvres. Aujourd'hui, cela peut étonner, l'une des grandes découvertes de la *Traumdeutung* étant après tout celle de phénomènes tels que le déplacement, la condensation ou l'inversion. Loin de renvoyer à un contenu déterminé, ceux-ci constituent des formes ou des structures qui occupent une place centrale dans notre activité mentale, consciente aussi bien qu'inconsciente. Grâce à leur présence au coeur de la recherche psychanalytique, la forme de l'oeuvre d'art ne pouvait donc pas ne pas devenir tôt ou tard un centre d'intérêt dans cette même recherche. C'est ce qui est arrivé, notamment à la suite des études de Roman Jakobson[1] sur la métaphore et la métonymie, structures où l'on n'a pas manqué de reconnaître l'essentiel de celles dont avait parlé la *Traumdeutung* au début du siècle. Depuis 1965 environ beaucoup d'auteurs ont approfondi ces découvertes, notamment dans le domaine littéraire, signalant comment, à travers l'étude de ces configurations de base, on pouvait également pénétrer plus avant dans les secrets de la création et du style[2]. C'est sur leurs traces que nous faisons ici quelques remarques sur les rapports entre théorie psychanalytique et stylistique[3].

Ce que la psychanalyse nous demande avant tout c'est d'abandonner notre position purement cognitive face à la littérature et de regarder celle-ci d'abord comme une exploitation de l'un des sentiments les plus originels de notre être, celui du manque, et des pulsions et désirs qui en proviennent. Ces facteurs-là, irrationnels, semblent en effet être actifs dans le travail de création bien avant que n'y interviennent ceux d'ordre rationnel. Il peut être utile de se rappeler que dans une

---

[1] Cf. Roman Jakobson, *Essais de linguistique générale* (1956), trad. fr., Paris, 1963
[2] Voir, entre autres, Charles Mauron, *Des métaphores obsédantes au mythe personnel*, Paris 1963; Jacques Lacan, *Ecrits*, Paris 1966; Leo Bersani, A future for Astyanax. Character and Desire in Literature, Boston-Toronto, 1969; Jean Starobinski, *L'oeil vivant*, 2 vol., Paris, 1970. Marthe Robert, *Roman des origines et origines du roman*, Paris, 1972; Julia Kristeva, *La révolution du langage poétique*, Paris, 1974; Jean Bellemin-Noël, *Psychanalyse et littérature*, Paris, 1978; Didier Anzieu, Le corps de l'oeuvre, Paris, 1981; Guy Rosolato, *Eléments de l'interprétation*, Paris, 1985; André Green, *Le travail du négatif*, Paris, 1993
[3] Voir aussi Henk Hillenaar, Style littéraire et inconscient, in: *Texte. Revue de critique et de théorie littéraire*, Trinity College, Toronto, n. 10, 1990, pp. 175-189

oeuvre littéraire - peu importe ici le genre - nous avons toujours affaire à une
même structure de base, assez simple au premier regard, celle d'un désir face à
une réalité qui s'oppose à l'accomplissement de ce même désir. C'est ainsi que,
dans les circonstances dures et pénibles que l'on sait, Ulysse cherche sa patrie,
Télémaque son père, ou Perceval le Graal; c'est également dans un monde hostile
que les héros de Balzac ou de Stendhal essaient de faire carrière; chez Marivaux
le personnage poursuit l'amour dans l'incompréhension, réelle ou feinte, de son
entourage; chez Céline on dirait qu'il ne poursuit plus que l'horreur. Derrière tout
cela, l'homme n'arrête pas de chercher la femme, et vice-versa, et jamais sans
problèmes... Cette loi du désir à contre-courant est si dominante que l'oeuvre littéraire décrit en fait presque exclusivement la quête des personnages, sans s'arrêter
à l'accomplissement qui est censé en être le résultat. C'est le récit du voyage vers
Ithaque que nous voulons entendre, et non pas celui de l'arrivée là-bas. Personne
non plus ne s'intéresse aux jours heureux que coulent les amoureux dans leur vie
de mariés ou les croyants au ciel. C'est le cheminement, presque toujours pénible,
vers tous ces buts proches ou lointains qui fait le véritable objet de la littérature.
La littérature pourrait même être définie comme l'exploitation précisément de cette
structure de base de notre for intérieur: de la confrontation sans cesse renouvelée
de nos pulsions et désirs à la réalité qui leur résiste. Cette structure apparaît dès
les premières pages de la Bible où Dieu lui-même a la curieuse idée d'introduire
dans son paradis l'arbre de la connaissance du bien et du mal. Celui-ci devient
ainsi le symbole de tous les obstacles et de toutes les lois auxquels le désir humain
achoppera au cours de son histoire. Aussi les humains ne tarderont-ils pas de faire
de la désobéissance à la loi leur occupation la plus gratifiante[4].

Si la composition du texte littéraire est marquée par une telle polarisation entre
désir et obstacle, sa représentation - la mimesis - poursuit des buts très divers, et
certainement pas toujours dans le sens de l'idéalisation ou de la sublimation. Ces
dernières se retrouvent, bien entendu, dans presque chaque oeuvre d'art, mais
rarement d'une façon exclusive. Car en littérature, la sublimation pure se révèle
être aussi peu intéressante que son contre-pied, le naturalisme pur et dur. Ainsi de
nombreux auteurs essaient de compenser par leur oeuvre le manque qui les fait
vivre et souffrir. Jean-Jacques Rousseau, par exemple, raconte qu'il a écrit la très
belle histoire d'amour qu'est *La nouvelle Héloïse* parce que la réalité trop cruelle
ne lui a jamais permis de vivre un tel amour partagé. La littérature pornographique
qui prend tant de place dans nos sociétés modernes remplit sans doute une fonction
analogue. Et de la compensation à la réparation, il n'y a qu'un pas. Dans la *Recherche* de Proust notamment il est difficile de ne pas voir aussi l'effort presque
héroïque de l'auteur pour réparer la relation brisée avec une mère adorée et haïe.
D'autres auteurs, par contre, comme Franz Kafka ou Henri Michaux, veulent

---

[4] Signalons dans ce contexte que l'Apocalypse, le fantasme final de la Bible chrétienne, est destiné
à révéler les derniers secrets du désir humain, ceux-ci pouvant très bien être - après beaucoup de
bruit et de mouvement - le vide et le silence.

d'abord exorciser par leur écriture une réalité dont le manque, le vide menacent de les blesser ou même de les engloutir. Beckett, lui, disait que ses livres lui avaient permis de survivre dans un monde qui lui rappelait trop une enfance absurde, sans amour. La même chose vaut, dans un tout autre contexte, pour Céline et son oeuvre de haine et de désespoir.

Mais tous ces auteurs ont en commun qu'ils exploitent leur manque et les fantasmes que ce manque a créés en eux. Ces fantasmes, ils ne cessent de les répéter, dans les sujets - toujours les mêmes, dirait-on - qu'ils traitent, mais également dans leur style. Celui-ci est souvent aussi facile à reconnaître que le portrait ou la photo que nous possédons d'eux. "Ça, c'est du Corneille", dira-t-on, et "ça, c'est Voltaire, ou Proust, ou Sarraute", car l'auteur reprend dans chaque nouvel ouvrage les mêmes façons de dire, porté qu'il est par toujours les mêmes désirs, les mêmes images obsessionnelles. Une telle répétition a du reste aussi un côté ambigu: il est facile de constater que manque et malheur - qu'ils soient les nôtres ou ceux d'autrui - exercent un mystérieux attrait, et que les plus grandes catastrophes font souvent naître les plus beaux récits. Le masochisme et le sadisme ne sont jamais très loin dans les jeux que nous jouons avec l'absence. Revers inévitable de l'entreprise artistique, ils se déploient volontiers ouvertement dans nos oeuvres, mais plus volontiers encore ils se cachent dans leurs plis ou leurs coulisses.

L'essentiel reste cependant que nous puissions reconnaître dans cette articulation universelle du désir et de l'obstacle une des données fondamentales du fonctionnement de notre esprit. Car c'est elle qui nous ouvre au temps et à l'espace, limites formelles dont l'expérience nous resterait interdite sans les limites réelles que la vie nous réserve. Sans négation ni interdit notre for intérieur - c'est-à-dire notre psyché, notre 'moi' - n'existerait pas, n'aurait pas besoin d'exister. Psychologie et psychanalyse reprennent ainsi à leur façon les leçons de Hegel, car nous avons beau vivre de ce qui nous paraît positif, notre esprit ne reçoit ses contours, sa réalité, que grâce au négatif qui l'habite et le travaille: "la répétition déguisée de désirs interdits constitue la cohérence intérieure de notre être"[5]

Ainsi, l'approche psychanalytique des textes littéraires (et sans doute aussi celle d'autres produits artistiques) a toujours à voir avec une articulation, un noeud d'éléments provenant de deux mondes opposés, dont l'un ne saurait exister sans l'autre. Pulsion et désir y affrontent toutes sortes d'interdits, de limites et de codes. Aussi l'un des premiers objectifs d'une telle lecture consiste-t-il à voir lequel de ces deux mondes domine dans telle ou telle oeuvre, ou chez tel ou tel auteur. La relation plus ou moins stable mais omniprésente entre l'univers maternel, narcissique, gouverné par le 'moi' et le principe de plaisir, et l'univers paternel où 'l'autre' dicte sa loi, nous fournit le point de départ et le cadre de la recherche ultérieure. Il faut du reste se garder de traduire cette opposition en termes de 'bon et mauvais', ou 'positif et négatif'. Les deux pôles, maternel et paternel, baignent

---

[5] Leo Bersani, op. cit. p.6

depuis toujours dans l'ambivalence, peuvent tous les deux être bons et mauvais.
Bien des désirs en effet s'avèrent mortifères, et une loi, quel que soit au premier
abord son effet négatif, est destinée à être libératrice, doit aider à faire perdre de
vue[6] l'image trop obsédante de la mère. Le 'code' central de ce monde du père[7]
est, bien entendu, celui du langage, ce qui ne veut nullement dire que le langage
traduirait uniquement les exigences d'autrui et du monde extérieur. L'entrelace-
ment des deux pôles, maternel et paternel, en notre for intérieur permet justement
au 'moi' de se servir, lui aussi, du langage comme d'un instrument de choix. La
parole interprète aussi bien les désirs du moi - ce que Lacan appelle 'l'imaginaire'
- que la parole à laquelle le père me demande de me soumettre. Le 'symbolique'
se trouve de ce fait inextricablement mêlé aux aspirations et illusions de 'l'imaginaire'.

Ce dont nous venons de parler reflète et reproduit en fait l'histoire de la formation
du sujet. C'est comme un pacte que concluraient en nous l'enfant que nous avons
été et l'adulte que nous essayons d'être, pacte que certains ont accoutumé
d'appeler leur 'identité'. Celle-ci possède en effet, elle aussi, ces deux composantes, qu'il n'est du reste pas aisé de distinguer: il y a d'abord ce qui en nous
provient de nos premières années lorsque les besoins de notre corps et les affects
de notre 'moi' formaient notre seul centre d'intérêt. Puis, peu à peu, avec la venue
de la parole, la distance s'est installée en nous . Grâce à elle, nous voyons et
acceptons plus facilement les limites du possible. Grâce à elle aussi, notre curiosité
peut aller au-delà de ce qui est immédiat, et notre amour au-delà de nous-même.
Notre identité, union intime de ces deux faces de la même médaille, peut prendre
une infinité de visages, et très souvent l'une des deux composantes aura tendance
à dominer ou même à quasiment effacer l'autre. Nous aurons l'occasion d'y
revenir.
     En littérature, l'articulation entre ces deux faces de notre for intérieur
s'appelle 'style'. C'est pourquoi on a raison de dire que "le style est l'homme
même". Nous retrouvons dans notre style la confrontation entre corps et code, entre l'enfant et l'adulte qui vivent en chacun de nous. "Corps, souviens-toi", dit le
poète, exhortation dont notre corps n'a en fait nullement besoin. Car il n'arrête pas
de se souvenir. Son style ne peut pas ne pas avoir partie liée avec le passé. Ce
n'est pas que nos créations ne présentent jamais rien de neuf, mais nouveauté et
différence comportent nécessairement aussi, et même d'abord, une part de répétition et de souvenir. La psychanalyse parlera dans ce contexte volontiers de transfert, mécanisme mi-somatique mi-psychique qui fait que, dans nos relations actu-

---

[6] L'expression est le titre d'un ouvrage de J.-B. Pontalis
[7] Faut-il rappeler que de telles expressions - 'monde' du père ou de la mère, 'instance' paternelle
ou maternelle - ne réfèrent pas à des personnes mais à des fonctions, celles-ci pouvant être assurées
indistinctement par des hommes et des femmes? C'est là un autre aspect, et pas toujours le plus
simple, du 'noeud' dont il est question ici.

elles, nous répétons toujours plus ou moins une conduite apprise dans notre enfance. Tout cela déterminera nos facultés de création.

La psychanalyse reprend ainsi à son compte l'une des affirmations fondamentales de la scolastique médiévale, "nihil in intellectu quod non prius fuit in sensu": Il n'y a rien dans notre psychisme qui ne soit d'origine corporelle, qui ne remonte à l'histoire que notre corps d'homme ou de femme a vécu à ses commencements avec les corps qui l'environnaient, ceux qui lui ont appris à sentir, voir, agir, écouter, parler. Ils nous ont appris à les imiter, mais aussi à faire autrement qu'eux. C'est à cette époque-là, au moment où notre cerveau d'enfant était encore mou et malléable, que le pli a été pris, et cela pour la vie. Le style, c'est ce pli-là, cette histoire-là, ou mieux, l'empreinte, la trace de cette histoire du corps dans le langage. Et, quelle que soit par ailleurs la façon dont elle se présente, cette histoire tourne inévitablement autour de l'articulation ou du noeud dont nous venons de parler, celui de l'acceptation, bon gré mal gré, de la loi du père par l'enfant et de la perte du monde sécurisant de la mère. C'est de l'élaboration de ce souvenir, de ce 'roman familial'[8] que vont sortir la littérature et l'art.

On comprendra aussi que cette 'histoire du corps et de ses affects' comporte bien des éléments irrationnels, dont bon nombre ont été oubliés ou refoulés au cours des premières années de notre existence. Ils proviennent d'expériences qui furent trop blessantes, car trop douloureuses ou trop horribles, pour pouvoir faire partie de notre 'identité' et être intégrés dans notre vie consciente. Nous nous immunisons inévitablement contre cette 'part maudite'[9] du souvenir en nous, comme nous nous immunisons contre la maladie. Mais, tant que nous n'en avons pas quelque peu pénétré les méandres, ces blessures continuent d'opérer souterrainement leurs ravages. Face cachée de notre être, elles jouent un grand rôle également dans tout travail de création. Dans le cas de l'oeuvre littéraire, cela a été dit et redit[10]. Ce qui n'a pas été dit suffisamment, peut-être aussi parce que cela pouvait paraître aller de soi, c'est que dans n'importe quel texte littéraire il est possible de re-

---

[8] Freud a le premier employé cette expression, roman familial - 'Familienroman' (cf. Gesammelte Werke, VII, p.224, Frankfurt, 1960) - désignant par là les fantasmes de l'enfant qui, mécontent du sort que lui réservent ses parents, s'invente un autre père ou une autre mère, ou les deux à la fois, se procurant ainsi imaginairement les conditions d'une vie meilleure, et la solution - illusoire, bien entendu - de ses conflits.

[9] L'expression est le titre d'un ouvrage de Georges Bataille. Elle renvoie d'abord à la face négative de l'existence dans la société: horreurs, meurtres et désirs de meurtres, violence, haine, rejet etcétéra. Sur la négation de tout cela, écrit Bataille, "nous avons, au cours des siècles, fondé l'édifice social et l'image de l'homme".

[10] Voir, entre autres, les bibliographies que voici: N. Kiell, *Psychoanalysis, Psychology and Literature*, Metuchen, n.j. 1982. *Supplement*, 1990; J.P. Natali and F.L.Rusch, *Psychocriticism. An Anotated Bibliography*, London, 1984; B.Beugnot and J.M. Moureaux, *Manuel bibliographique des études littéraires*, Paris 1982 (section 2N: psychanalyse); J. Pfeiffer, *Literaturpsychologie 1945-1987. Eine systematische, annotierte Bibliographie*, Würzburg, 1989; *IPSA Abstracts and Bibliographie in Literature and Psychology*, University of Florida, Gainesville, Florida, 1986-1995.

trouver, comme son filigrane, la structure dont nous venons de parler, la tension que vit chaque auteur, à sa façon, entre corps et code, son 'roman familial' donc, dont tout nouveau texte constitue en quelque sorte la reprise. Tout ce qu'il écrit raconte, d'une façon ou de l'autre, la transition jamais achevée du monde de la mère au monde du père, la confrontation toujours recommencée du principe de plaisir et du principe de réalité.

Aussi l'interprétation psychanalytique n'a-t-elle pas comme premier objectif le dévoilement d'un secret: surtout pas celui de l'auteur, qui ne saurait être réduit aux fantasmes déployés dans ses livres, ni même - bien qu'une telle entreprise soit parfois plus appropriée - le secret de tel ou tel texte en particulier, ce dernier, ouvert qu'il est, ne se laissant pas non plus réduire à la révélation d'un secret. Ce que, par contre, le lecteur peut toujours faire ou essayer de faire c'est d'interroger la structure affective d'un texte, le 'noeud' ou le 'jeu' que nous venons d'évoquer entre instance maternelle et instance paternelle, qui laisse des traces nombreuses dans l'oeuvre. Conscientes ou non, ces traces sont visibles et donc lisibles. Plus qu'un secret ou une interprétation spécifique, cette 'structure', ce 'roman familial' fournit en fait un cadre à toute autre interprétation. Grâce à ce cadre, l'analyse textuelle court moins le risque de se perdre dans le vague, le hasard, le fragmentaire. Cela ne devrait d'ailleurs pas surprendre car le lecteur attentif aura entretemps identifié cette structure comme la formation intérieure à laquelle Freud a, depuis toujours, donné la priorité dans ses recherches sous le nom de 'complexe d'Oedipe'...

En effet, principe de plaisir, recherche de l'intérêt propre et répétition du même trouvent leur résumé et leur métaphore dans la nostalgie du commencement, le désir d''épouser' la mère. Le principe de réalité, qui nous révèle les intérêts d'autrui, en même temps que la loi du père, font naître en nous le désir de nous débarrasser de cet être indésirable: de le 'tuer'. La façon dont chacun de nous vit la présence en soi de ce double désir - dont Oedipe parricide et incestueux est devenu le symbole - décide de la structure affective de notre être et détermine celle de nos créations artistiques. Cette structure n'est jamais tranchée, mais elle nous assigne une place plus ou moins bien circonscrite soit dans le champ pré-oedipien, celui où l'enfant l'emporte sur l'adulte en nous, soit plutôt dans le champ oedipien, où le contraire a lieu, soit encore au-delà de ces pôles où le combat se transforme en 'jeu' et où nous sommes plus libres de disposer à distance de nos états affectifs. Ces deux pôles ne s'en retrouvent pas moins dans chaque texte, ne serait-ce que parce que le langage, qui instaure la distance par rapport au corps et à ses fantasmes, nous arrive, avec le père du monde extérieur. Cependant - nous l'avons déjà signalé - dans bien des cas cet instrument paternel peut être détourné de sa finalité première, et servir la 'père-version' de l'enfant qui utilise le langage à ses propres fins, celles du corps et du plaisir. C'est ainsi que naît la littérature, celle-ci étant une articulation originale - un style - entre corps et code, enfant et adulte, entre le même et l'autre. De son côté, le chercheur essaie de découvrir en quoi consiste cette originalité, quel est le style adopté par tel ou tel auteur.

Dès qu'on aborde un texte de plus près, sous quelque angle que ce soit, cette question de la forme, du style se pose: au niveau des genres rhétoriques, mais également à celui des genres littéraires; au niveau du récit et du fantasme, mais aussi, et plus spécifiquement encore, à celui des différents moyens stylistiques mis en oeuvre. Partout 'l'Oedipe', où Freud voyait déjà un forme universelle, a marqué de son empreinte le phénomène littéraire. Cette structure affective est comme le ciment de l'édifice textuel. Grâce à elle un auteur réussit à construire, avec toujours ce même ciment, des textes différents.

Ainsi, la théorie rhétorique qui est à l'origine de la théorie littéraire et de la stylistique modernes connaît depuis toujours trois genres: le démonstratif, pour louer et blâmer, le judiciaire, pour accuser ou défendre, et le délibératif, pour conseiller ou dissuader[11]. Pourquoi ces trois-là et pas d'autres? La question a souvent été posée, et la réponse la plus satisfaisante que l'on ait pu lui trouver jusqu'ici est due à une comparaison avec la théorie psychanalytique. Elle reprend les trois positions ou stades que nous venons d'indiquer dans le développement du sujet humain, dans la relation que celui-ci établit avec autrui[12]. Le premier stade est la fusion, bienheureuse surtout, avec le corps de la mère, dont la nostalgie ne cessera de le poursuivre, une vie durant. Les phénomènes psychiques qui dominent la vie intérieure durant cette période du commencement - immédiateté des sentiments, union, illusoire ou non, avec la mère, ou avec ceux qui composent l'univers maternel - se retrouvent dans la pratique rhétorique comme autant de caractéristiques du genre démonstratif. En effet, dans les discours de louanges ou de blâme il est nécessaire de créer un climat d'entente, de 'fusion', entre public et orateur pour que le message puisse passer. Le genre démonstratif fait appel à la catégorie de sentiments en nous dont l'origine remonte aux premières années de notre existence.

L'analogie ne s'arrête pas là. Car l'univers du genre juridique s'avère à son tour correspondre à celui que nous vivons au moment dans notre existence où nous engageons la lutte contre la loi du père, et où, petits Oedipes, nous aimerions faire disparaître cet intrus qui nous interdit la possession de la mère. Mais le père étant également un objet d'amour, nous voulons en même temps nous faire pardonner par lui toute cette démesure. Une telle constellation pleine de conflits et d'ambivalences - complexe, en effet - où le sujet se sent déchiré entre ses aspirations irrationnelles et les exigences de la raison se retrouve sous une forme extériorisée et objectivée à la cour d'assises où les intérêts opposés des différentes parties s'affrontent devant un juge dont, bon gré mal gré, ils devront, en dernière instance, suivre le verdict.

Le troisième genre rhétorique enfin, le délibératif, où il ne s'agit plus de conflit mais de discussion et d'examen, suppose que les parties concernés

---

[11] Cf. A. Kibedi Varga, *Rhétorique et Littérature*, Paris, 1970

[12] L'essentiel de ces paragraphes a été emprunté à Peter van der Zwaal, A rhetorical approach to psychoanalysis. In: J. Dyck, W. Jens & G. Ueding (Hrsg.), Rhetorik. *Ein Internationales Jahrbuch. Band 6: Rhetorik und Psychologie*. Tübingen, 1987, p. 129-144

possèdent bien plus de distance encore qu'auparavant. Sans ce recul il serait impossible d'engager un débat de ce genre, de conclure, selon les lois d'une compétition raisonnable, quelle solution est la meilleure à adopter, ou quelle mesure la plus utile à prendre. C'est cela, l'âge 'adulte', l'âge de la distance enfin conquise et de la liberté intérieure qui en résulte. Grâce à cette liberté, le sujet est désormais capable de gérer et de dominer les conflits et ambivalences du passé. Ceux-ci n'auront pas quitté la scène intérieure, ils reprendront même souvent le dessus. Notre vie intérieure n'est jamais 'pure' ou 'simple', pas plus que la plupart de nos discours. Le 'noeud' psychique dont nous venons de parler se fait également sentir ici. Il n'empêche que le genre 'délibératif' opère surtout la sublimation de ce passé, tout comme la vie adulte qui est, elle aussi, marquée la plupart du temps par la sublimation des désirs pré-oedipiens aussi bien qu'oedipiens.

Les genres rhétoriques, c'est-à-dire les différentes façons dont nous communiquons avec autrui, portent ainsi l'empreinte durable de l'histoire de notre développement intérieur. Quoi d'étonnant dès lors si nous retrouvons ce même phénomène dans les genres littéraires que nous créons et dans les genres de notre théâtre?

En ce qui concerne les grands genres littéraires d'abord, la poésie, le récit et l'essai, il n'est pas difficile de reconnaître en eux une série analogue à celle que nous venons de voir en rhétorique. La poésie[13] nous renvoie à notre enfance où, incapables de comprendre vraiment la signification du langage, nous considérions celui-ci avant tout comme un jeu où comptent d'abord le rythme, les sons, le jeu des formes. Au lieu d'être l'instrument de la distance ou de l'interdit, le langage apparaît à l'enfant comme un moyen magique de posséder les choses. Il lui permet de retrouver en quelque sorte le plaisir fusionnel du commencement, fonction qui souvent sera assumée plus tard par la musique. La poésie a beau être autre chose aussi - récit par exemple ou leçon morale - elle a beau être élevée, difficile ou même inaccessible, son essence, qui est brillance, chant et jeu, nous ramène au monde de l'enfance.

Le récit, par contre, regarde le contenu du texte comme aussi ou même plus important que sa forme, signe de la distance qui sépare désormais le sujet parlant ou écrivant du monde de la parole magique qu'il a laissé derrière lui. Aussi le récit - nous l'avons déjà vu plus haut - raconte-t-il dans son essence le conflit entre les désirs de fusion ou de domination d'une part, et, de l'autre, les interdits ou les obstacles que la réalité leur oppose. Avec ce genre nous nous retrouvons le plus souvent en pays oedipien. Le fantasme, qui est comme le noyau ou le condensé du récit, peut, bien entendu, prendre des tonalités pré-oedipiennes, comme dans le conte de fées ou dans certains romans - ceux de Kafka ou de Proust, par exemple - mais ces cas-là - assez fréquents du reste - sont en fait une façon spéciale de

---

[13] Cf. Walter Schönau, *Een psychoanalytische benadering van lyriek,* in: H.Hillenaar en W. Schönau, *Literatuur in psychoanalytisch perspectief,* Amsterdam, 1990; M. Edelson, *Language and Interpretation in Psychoanalysis,* Chicago, London, 1975, 1984

réagir au conflit oedipien, que l'auteur essaie ainsi de déjouer. En contournant ou en refusant la loi du père et de la réalité, le langage sert presque exclusivement à réintégrer le monde de la mère[14]. Mais la plupart du temps, le romancier s'efforcera d'imiter la réalité 'adulte' tiraillée entre principe de plaisir et principe de réalité. Le récit a justement pour tâche de montrer les moments de crise de cet équilibre instable, où ces deux principes entrent en conflit. Le genre narratif cultive la bonne distance pour nous montrer la vivante réalité de ce conflit qui est toujours à recommencer.

Avec le troisième genre, l'essai littéraire, nous retrouvons une autre distance, un autre climat, ceux que la rhétorique reconnaît aussi dans le genre délibératif. L'essai est descriptif, méditatif, interrogatif, philosophique, didactique: qualificatifs qui expriment tous un engagement à distance. L'essai peut se permettre de parler des aventures relatées par la poésie et le roman, mais en procédant d'une autre façon, à un autre niveau. Méta-discours, il n'est cependant pas la synthèse des deux autres, moins encore leur substitut sublimé, il exprime plutôt une certaine liberté, un moment de repos et de retrait par rapport à ces derniers, auxquels il nous faudra tôt ou tard retourner. Car seuls la poésie et le roman représentent la vie 'vécue', celle où le conflit entre le désir et l'interdit est tangible. A ce conflit, la poésie et le roman trouveront toutes sortes de solutions, jamais définitives, toujours en mouvement, comme dans la vie réelle. Ce mouvement sans fin et infiniment complexe n'en possède pas moins une certaine unité grâce à la structure de base que nous avons également vue à l'oeuvre en rhétorique, celle du va-et-vient continuel - et conflictuel - de l'être parlant entre les différents niveaux où opèrent en lui désir et souvenir.

La scène a connu, elle aussi, au cours des âges, une série de genres où il est évidemment tentant, après ce qui précède, de retrouver des caractéristiques analogues, d'autant plus que le théâtre forme en quelque sorte une synthèse entre littérature et rhétorique. Constatons d'abord que ce qui a été dit ci-dessus à propos du discours puis de la poésie lyriques s'applique aussi au théâtre lyrique, aux choeurs de la tragédie classique, par exemple, et à l'opéra tel que l'Europe le connaît depuis quatre siècles. Quel que soit par ailleurs le sujet d'un tel spectacle, le but principal qu'il poursuit est de créer entre la salle et les artistes - musiciens et chanteurs - une entente, une union même, qui, rappellera à plus d'un le bonheur fusionnel de sa préhistoire personnelle. Cet élément-là, qui ne peut manquer

---

[14] Dans un ouvrage remarquable, intitulé *Roman des origines et origines du roman*, Marthe Robert distingue deux catégories de romanciers, les 'enfants trouvés' et les 'bâtards'. 'Enfants trouvés' sont les auteurs qui, vivant de préférence dans un univers imaginaire pré-oedipien, inventent un 'roman familial' où mère et père sont remplacés par d'autres parents, plus aimants, plus puissants. Chez les auteurs 'bâtards', par contre, qui se font volontiers les interprètes de conflits oedipiens, c'est surtout le père qui est renié. L'auteur crée à sa place un ou plusieurs personnages idéaux avec qui il est plus facile de s'identifier.

pendant aucune représentation théâtrale, est particulièrement dominant s'agissant de la scène lyrique.

Quant aux grands genres classiques, tragédie et comédie, nous savons depuis longtemps[15] que ces deux formes de théâtre utilisent, chacune à sa façon, le triangle oedipien. Spectateurs, nous nous identifions le plus volontiers avec les jeunes de la pièce - car c'est ainsi que fonctionne notre imaginaire où survit l'enfant en nous. En regardant une tragédie, nous pleurons le sort du fils ou de la fille devenu la victime de la sévérité du père. Cependant, en refusant de fournir une véritable issue au conflit oedipien, cette même tragédie nous ramène en fait au monde du commencement, celui qui ne connaît d'autre loi que celle du tout ou du rien, de la vie ou de la mort. Aussi derrière la figure du père se cache l'ombre de la mère qui, sans l'autre à ses côtés, se transforme de donneuse de vie en donneuse de mort.

Dans une comédie c'est l'inverse qui se produit. Cette fois-ci ce n'est plus l'enfant qui est sacrifié à l'arbitraire du père, mais le père qui est livré au rire sans pitié de l'enfant. La comédie refuse ou relativise ce dont la tragédie voudrait faire un absolu. Les deux genres se meuvent ainsi dans un univers oedipien, avec bien des éléments cependant qui renvoient à un en-deçà ou un au-delà de cette sphère: nous retrouvons toujours le même noeud, la même articulation. Sans doute le drame moderne qui fait alterner moments tragiques et moments comiques, tout en les mettant dans un cadre plus réaliste, s'approche le plus du genre romanesque et adopte aussi le plus directement la structure oedipienne.

Pour trouver ensuite l'équivalent de l'essai, c'est-à-dire d'un art d'une plus grande distance (ce qui ne signifie pas d'une moindre intensité), au-delà des conflits pré-oedipien et oedipien, il faut probablement se tourner vers un théâtre comme celui de Brecht, qui, tout en faisant de ces mêmes conflits l'enjeu de ses pièces, refuse justement l'identification directe entre la salle et la scène. Peut-être aussi que la liturgie des églises répond aux exigences d'un tel spectacle, qui est à la fois dramatisation et distanciation.

Quoi qu'il en soit, ce qui nous intéresse ici, s'agissant de forme et de style littéraires, c'est l'analogie partout présente entre les formes que nous donnons aux produits de notre esprit et l'histoire de la formation de ce même esprit. Les étapes du parcours que celui-ci a suivies déterminent la structure de tout ce que nous créons au cours de notre existence. Si cela est vrai pour les 'macro-structures' de l'oeuvre littéraire, comme nous venons de le voir, nous pouvons nous attendre à trouver quelque chose de semblable dans ses 'micro-structures', celles qui se situent au niveau de la phrase et des mots. Bien des auteurs d'ailleurs ont fait de cette tension entre monde du père et monde de la mère un thème dans leur oeuvre. Ainsi, dans *Pylade* de Pasolini, l'auteur met dans la bouche du héros les mots suivants: "Les pères, sache-le, sont tous impuissants: quels que soient leur expression et leur comportement, il n'y a rien d'autre à lire sur leur personne que la

---

[15] Pour être précis, depuis 1926, l'année où parut le remarquable article de W. Jekels, Zur Psychologie der Komödie, in; *Imago* 12, 2/3, p.328-335.

conscience non acceptée de leur impuissance. [...] La plus grande attirance de chacun de nous va vers le passé, parce que c'est la seule chose que nous connaissons et aimons vraiment. Au point que nous le confondons avec la vie. le ventre de notre mère, voilà notre objectif". Mais il est plus intéressant encore de constater à quel point une bonne phrase apaise pour un moment la tension qui existe en nous entre corps et code du langage[16]. On comprend Flaubert qui sentait le besoin de passer chacune de ses phrases 'au gueuloir'. D'autres parlent à ce sujet d'un équilibre qui serait à instaurer entre sujétion aux lois du langage d'un côté et liberté, voire dérèglement par rapport à ces mêmes lois de l'autre[17]. Pareil jeu entre corps et code se retrouve jusqu'au niveau de la lettre, puisque dans n'importe quel mot les voyelles constituent le facteur 'plaisir', la polarité maternelle, tandis que les consonnes, la polarité paternelle, font d'abord "obstacle au flux pulsionnel, à la fusion affective, maternelle"[18]. Beaucoup de figures de style portent en elles une tension semblable, certaines d'entre elles étant plutôt 'maternelles', c'est-à-dire marquées par le désir du même, de la proximité - Guy Rosolato parle à ce propos de 'champ métonymique' - là où d'autres figures ont une allure plutôt 'paternelle', empreintes qu'elles sont du désir de l'autre, et de l'aventure, cette dernière catégorie renvoyant au 'champ métaphorique'. Nous avons ailleurs longuement développé cette matière[19], ou plutôt sa théorie. Nous voudrions adopter ici une approche plus concrète, et montrer comment se présente dans la pratique de l'analyse de texte l'articulation de ces deux pôles - maternel et paternel - dont la tension ou l'équilibre instable constitue l'une des structures fondamentales. Bien sûr, 'l'attention flottante' dont parle Freud, restera l'attitude de base du lecteur, attentif qu'il est à tout ce qui sort du cadre 'normal' d'une écriture: les répétitions, exagérations, omissions, lapsus, contradictions, etcétéra. Cependant, en même temps qu'une telle lecture, 'flottante', il est possible de poser une série de questions plus directes, plus programmées, visant à révéler la forme particulière que prend dans tel ou tel texte l'articulation entre les deux versants, maternel et paternel, dans l'esprit de son auteur: entre plaisir et interdit, corps et code, le même et l'autre. Nous devons nous contenter ici d'indiquer, de façon trop succincte sans doute, l'essentiel de ces questions, quitte à les appliquer ailleurs à des textes-exemples. Telle quelle, la liste qui suit peut fournir néanmoins un point de départ et une direction à une lecture psychanalytique de n'importe quel texte. Il est clair qu'on ne peut pas utiliser toutes ces questions dans tous les cas. Le 'jeu' de certaines oppositions qu'elles proposent d'interroger se retrouvera plus

---

[16] L'expression 'corps de l'oeuvre' est le titre d'un livre de Didier Anzieu où celui-ci propose la distinction entre le corps et le code de la langue
[17] Voir, par exemple, Peter Nádas, *Het boek der herinneringen* (Le livre des souvenirs; titre original hongrois: *Emlékiratok könyve*), Amsterdam, 1993, p.489
[18] Guy Rosolato, *Eléments de l'interprétation*, Paris, 1985, p.173
[19] Voir Henk Hillenaar, Style littéraire et inconscient, in: *Texte. Revue de critique et de théorie littéraire* (Toronto), 1990, n.10, 155-173

facilement dans tel ou tel texte, chez tel ou tel auteur, tandis que d'autres se prête-
ront davantage à l'analyse d'un 'jeu' différent. Il faudra donc faire des choix.

- Le choix des *personnages* est une bonne entrée en matière: quel genre de
personnage, maternel ou paternel, domine dans l'ensemble du texte ou de l'oeuvre?
Quel personnage est peu présent ou même absent?
- L'étude du *temps* est souvent aussi un facteur important pour déterminer
l'articulation de base dont il s'agit ici. Est-ce le passé et son rêve qui inspirent
l'imaginaire de l'auteur, ou s'agit-il plutôt d'une conquête de l'avenir? Est-ce
l'éternité ou un hors-temps qui domine plutôt qu'un temps historique? La répétition plus que la succession? S'agit-il surtout du monde de l'enfance ou sommes-
nous plutôt dans un monde adulte?
- Des questions analogues peuvent être posées sur la façon dont le texte présente
l'espace où évoluent les personnages. Quelle forme celui-ci prend-il de préférence:
est-ce un espace fermé et protecteur - 'maternel' - ou est-il davantage ouvert et
invitant à l'aventure? Retrouvons-nous tout le temps des espaces connus, familiers
ou sommes-nous introduits dans des espaces inconnus, 'autres', plus 'paternels'
donc?
- L'étude de l'espace-temps invite à celle, plus étendue, de *l'ambiance générale*
d'un texte. Sommes-nous introduits dans une ambiance de rêve ou d'abord dans
le monde réel? L'auteur a-t-il une préférence pour l'irrationnel et l'infini, ou s'en
tient-il surtout au rationnel et aux choses clairement circonscrites? Le texte se
présente-t-il sous une forme morcelée ou y a-t-il plus d'organisation et d'unité?
- Tout cela nous mène à deux autres facteurs essentiels pour la création et la
compréhension d'un texte: *la narration et la description*. Ici aussi nous retrouvons
le même jeu oppositionnel entre le maternel 'pré-oedipien' et le paternel dont
l'avènement signifie celui du conflit oedipien. Dans cette perspective l'on peut
poser la question de savoir si le narré se présente sous des dehors rassurants,
reconnaissables - du 'déjà-vu' - ou si, au contraire, il a plutôt à voir avec
l'inconnu, le surprenant. S'agit-il d'actions répétées ou changeantes? Autres
indices: Qu'est-ce qui domine: la nature ou la culture? L'auteur se contente-t-il de
la description d'un monde, d'un cadre concret, ou celui-ci est-il accompagné de
descriptions abstraites également? L'auteur préfère-t-il les sons et les images à la
pensée logique? Le 'mythos' domine-t-il le 'logos', la vision poétique compte-t-
elle plus que les faits du récit? Toutes ces données, combinées avec celles obtenues
précédemment peuvent nous renseigner sur la façon dont cette structure de base
dans le psychisme du créateur se présente et fournir ainsi un point de départ plus
solide à une interrogation ultérieure.
- Peut-être est-il utile aussi de nous demander dans une perspective légèrement
différente quelle *mentalité* règne dans l'esprit d'un auteur; ce dernier s'inspire-t-il,
en écrivant, d'un sentiment du 'tout ou rien', et d'un désir de toute-puissance, ou
est-il plutôt enclin au 'plus ou moins' du compromis? Répète-t-il les 'c'est ainsi'
ou voit-il plutôt qu''il y a ceci, mais aussi cela'? Psychologiquement parlant, les
caractères des personnages sont-ils susceptibles de changements ou restent-ils tou-

jours les mêmes? La honte, sentiment qui renvoie d'abord au monde de la petite enfance, est-elle plus envahissante que la culpabilité inspirée par des situations oedipiennes surtout?

- Un des indices principaux sera, bien entendu, la présence ou l'absence de l'autre en tant qu'autre. Autrui a beau être là, en principe, dans chaque récit, l'auteur-narcisse peut le traiter comme étant quelqu'un à son image, et dans le seul but de le faire servir à son plaisir et à son pouvoir. Il peut en revanche s'intéresser à lui, et le présenter en tant que tel: comme un inconnu, quelqu'un qui a ses propres sentiments et idées, un être qui l'invite à sortir de soi et à changer son monologue en dialogue. Les jeux de miroir, souvent passionnants du reste, se transforment alors en une autre création.

- La question de savoir si un auteur est capable de prendre autrui au sérieux est également visible dans la façon dont il raconte et décrit la sexualité de ses personnages. Cela signifie que le lecteur doit analyser tout ce qui dans le vocabulaire, les images et le récit a trait au corps et à la sexualité. Dans un univers pré-oedipien ces évocations restent la plupart du temps diffuses et infantiles, marquées par le désir de domination. La sexualité adulte et les sentiments de conquête et de jalousie qui l'accompagnent ne se rencontrent vraiment que chez quelqu'un qui a accepté le conflit oedipien. Dans le premier cas, le corps humain poursuit une présence sécurisante plus proche, plus chaude, plus totale , tandis que, dans le second, il prend plus de distance, calculant davantage mais connaissant aussi une sexualité plus complète. Tout cela, qui en dit long sur la portée d'un texte peut se lire dans ses lignes et entre ses lignes. Autre signe possible: dans un texte où le 'maternel' domine, la mort a, elle aussi, un caractère différent. L'auteur l'a, pour ainsi dire, derrière soi, elle le tire en arrière, vers un commencement qu'il ne saurait réintégrer mais qui menace néanmoins de l'engloutir. En revanche, l'auteur qui affronte le père, l'autre, le danger, a la mort devant lui, une mort qui trouve sa préfiguration dans les dangers que le héros ose risquer, les limites qu'il ose transgresser.

- Toutes ces formes différentes qu'un auteur peut donner à son oeuvre se retrouvent dans les figures de style que nous avons signalées[20]. Rappelons seulement deux traits caractéristiques que peut prendre, s'agissant de ces figures, l'articulation étudiée ici: certains textes cultivent le goût de la métonymie, c'est-à-dire de la proximité, d'autres celui de la métaphore, de l'inconnu et de l'aventure. Autre possibilité: un auteur préfère presque toujours un style coordonné, exprimant ainsi ce même désir de proximité, du même; chez son collègue on trouvera, en revanche, surtout un style subordonné, annonçant, comme la métaphore, le désir de ce qui est inconnu, différent, complexe.

Le style semble fait ainsi des traces du corps et de son histoire dans la langue. La création littéraire, et donc le style propre d'un auteur, peuvent être regardés comme *l'articulation originale*, un va-et-vient continuel entre ce que nous

---

[20] voir note 19.

pris de peur óu de nostalgie, il va bientôt la retrouver, et tout recommence... Ce jeu entre corps et code n'a pas de fin et n'aboutit à aucune synthèse, mais cela n'empêche pas la plupart des humains d'y prendre goût.

La mimesis, l'imitation du monde extérieur tel que notre esprit l'aperçoit ou conçoit, a longtemps été l'idéal qui résumait l'activité littéraire et artistique. Le vingtième siècle nous a appris qu'en littérature, il existe une autre mimesis, celle de notre monde intérieur. Car notre esprit possède également la propriété de se représenter lui-même, son propre fonctionnement, comme le filigrane des textes qu'il produit. Dans cette dernière imitation il est même possible de retrouver l'histoire de ce même esprit: sa sortie du monde corporel, son accès aux codes qui sous-tendent et déterminent la vie psychique, et la vie tout court. Plus encore sans doute que la première, cette imitation-souvenir doit être responsable de la forme personnelle que prend une écriture, c'est-à-dire de son style.

Rijksuniversiteit Groningen

La dérive des vers dans *la seine* de Raymond Roussel

Sjef Houppermans

En 1989 un déménageur déménage. C'est cette coïncidence, cette rime dans les faits, cette doublure dans l'arrangement de la réalité, que le sort paraît avoir attendue pour ouvrir, par la voie de cette figure, le troisième panneau du merveilleux triptyque 'Roussel'. En effet, la maison Bedel, en vidant un garde-meubles resté dans l'état où on l'avait laissé en 1933, tombe sur un ensemble de neuf cartons qu'y avait déposé Raymond Roussel avant de partir à l'étranger où il mourra peu après. Véritable volet supplémentaire de l'oeuvre si l'on considère qu'après la révélation que constituait *Comment j'ai écrit certains de mes livres* -où les textes se doublaient non pas d'une explication mais d'une mystification- les écrits retrouvés aujourd'hui s'encastrent entre les autres ouvrages et en font éclater l'échafaudage. *Comment...* fut une vraie pierre tombale dans la mesure où à travers son commentaire l'oeuvre se trouvait figée: les doubles se tenaient dans un 'sur-place' où leur miroitement réciproque excluait -ou du moins tentait d'exclure par tous les moyens- quelque hétérogénéité que ce soit; la fascination de l'autre (le Procédé homonymique[1]) écarta l'arbitraire et la mouvance de l'Autre. Et les notes biographiques qui formaient la seconde partie du texte posthume (qui mime encore dans sa propre structure le dédoublement dont il parle) montraient comment la vie fut envahie par les règles de l'art; "chez moi l'imagination est tout" était la seule conclusion possible. Cette affirmation concerne la facture des livres écrits selon le fameux procédé (le récit construit sur la distance entre deux homonymes ou paronymes) tels *Impressions d'Afrique* (1910) et *Locus Solus* (1914) ainsi que le rôle fondamental des rimes pour les autres textes, que ce soit ceux du début (*La Doublure; La Vue*) ou encore ces *Nouvelles Impressions d'Afrique* qui en 1932 seront le dernier ouvrage publié pendant la vie de Roussel. Mais la vie est instruite

---

[1] *Comment j'ai écrit certains de mes livres* explique qu'une exploitation systématique de l'homonymie est à la source de l'univers imaginaire roussellien. Ainsi, pour prendre un exemple typique s'appliquant à *Impressions d'Afrique* : "*Favori* (touffe de barbe) à *collet* (d'habit) [donne] *favori* (amant) à *collet* (piège)" (p.16). Dans le roman on trouvera donc un certain "Naïr, amant de Djizmé, dont le pied se prend dans un collet", tandis que la première combinaison reposera dans les archives comme motivation profonde. La doublure résultant de ce 'redressage' du langage (la ressemblance doit engendrer du sens) mime le figement des mots (niant que l'homonymie soit caractéristique pour la nature non-motivée de la langue) par la figure de l'emprisonnement. Tel signe symptomatique pour l'époque (le mâle favori pointant par dessus le collet monté) engendre *nécessairement* un récit concernant le désir piégé (et frustré). Le style de la 'Belle Epoque' y trouve une illustration modèle en trois strates: la rime riche de l'exploitation homonymique combine l'univers concret, matériel, de la (haute) bourgeoisie et l'imaginaire du récit pathétique, voire larmoyant. Cet univers en garance sera déchiqueté par les canons de la Grande Guerre.

elle aussi par "l'imagination": le réel, la matérialité, le physique et l'incontrôlable en sont bannis par le règne des rites, des fétiches, des artifices et des trompe-l'oeil.

Si l'on considère cet état des choses, ce que révèle le 'fonds Bedel' est éminemment paradoxal: c'est la découverte d'une autre vérité, celle de toute la partie refoulée de l'oeuvre et en même temps toute l'affaire a un air 'fabriquée' et répond en écho à un type d'histoire que Roussel affectionnait: celui de la chasse au trésor (au secret) et des trouvailles qui en résultent (qu'on pense par exemple à la trame de *Poussière de Soleils* ou au "pot aux roses" de Cortier dans *Locus Solus*). Toute cette fabulation est bien dans le style de Roussel pourrait-on dire. Ce qu'on retrouve aujourd'hui est aussi réel que du papier plein de ratures et de griffonnages et aussi fantastique que cette version apocryphe de *Roméo et Juliette* qu'Adinolfa découvre au fond d'une niche (*Impressions d'Afrique*). Encore une fois ce n'est pas la mise au point définitive qui permettrait de 'ranger' enfin Roussel (ce que tant d''explicateurs' ont vainement tenté de faire dans le passé), mais un véritable 'supplément' dans le sens où Jacques Derrida emploie ce mot: cela s'ajoute à l'ensemble, mais non sans en constituer le point de départ. Et le dédoublement reprend ses droits (en appelant d'autres) en ce qui concerne l'édition: à partir des textes retrouvés une nouvelle édition des *Oeuvres* est en train d'être publiée, mais il est précisé comme incipit que "bien que reprenant avec les inédits tous les textes déjà publiés de Raymond Roussel, augmentés lorsque c'est possible de leurs variantes, cette édition ne se substitue pas à l'"Œuvre complète" telle que Roussel l'avait délibérément conçue et fait publier chez Lemerre, et qui demeure disponible en librairie sous sa couverture rouge de la marque Pauvert"[2]. C'est comme un de ces petits 'papillons' que Roussel faisait insérer à plusieurs reprises, précisant par exemple dans le cas d'*Impressions d'Afrique* que les lecteurs 'non initiés' feraient mieux de commencer au milieu du livre par la partie explicative. On pourrait donc s'initier en lisant d'où ça vient, cette cosmogenèse, ce mythe des origines pour mieux se sentir chez soi ensuite dans ce qui est. Mais on n'oubliera pas que ces débuts n'ont été fabulés qu'après coup pour vraisemblabiliser les étranges constructions des 'Incomparables' qui n'en deviennent en fait que plus fantastiques. Pareillement, ceux qui s'initient à *Comment...* en sortent tellement fascinés d'ordinaire que tels des étourneaux ils ne répètent plus que ça. La 'Réserve' nous induira-t-elle obligatoirement par volonté calculée dans un même circuit perverti? Sans doute, c'est le destin de celui qui va 's'imaginer' des choses (Proust ne dira rien d'autre), la fable suinte la fable, mais il se pourrait qu'en traversant ces cortèges de masques on ait, par inadvertance autant que par un regard redevenu innocent, la brusque révélation de la nudité, de ce qui manque effroyablement de style.

Quel fut alors le contenu de la malle au trésor, boîte noire semblable au coffre hermétiquement clos qui contient le mécanisme actionnant le métier à aubes

[2] Raymond Roussel, *Œuvres I. Mon Ame; Poèmes inachevés; La Doublure; Chroniquettes*, présenté par Annie Le Brun, Paris, Pauvert, 1994, p.6.

sur le Tez, machine destinée à fabriquer le splendide vêtement impérial de Talou 7 (*Impressions d'Afrique*)? Chiffonnier plutôt que Graal, on y trouve de tout, nous apprend l'inventaire de la B.N. Des milliers de pages nous donnent le dossier préparatoire des *Impressions d'Afrique*, le texte de la pièce qui en avait été tirée et qui s'était perdue, une première version de *Locus Solus* avec de précieuses variantes, d'autres fragments et notes de textes remaniés ensuite, bref, une mine pour la critique génétique. On y observe notamment dès un premier aperçu que le procédé n'a rien de sacré et qu'il se remodèle, si besoin en est, à l'aune de la matière narrative et de ses nécessités primaires.

On trouve encore dans les neuf cartons tout un bric-à-brac de possessions personnelles, des photographies, les agendas de sa mère, des fiches de lecture, une liste de dédicaces, des lettres, des papiers d'affaires, des factures, un brevet d'invention, un gant de Suède, une dent dans une boîte de rasoir. C'est un raccourci de la longue liste officielle pour mieux montrer que trois formules de *Comment j'ai écrit...* s'y reflètent: les élucidations concernant le procédé (les dossiers préparatoires), les notes biographiques, mais encore ce paragraphe qui forme charnière et point de fuite à la fois où Roussel écrit "j'usais de n'importe quoi" comprenant par là que des enseignes, des adresses, des noms de marques, des airs de passage entraient tous sans distinction dans le grand moulin littéraire pour que les mots y soient broyés et que leur poudre s'éparpille selon les anecdotes à inventer. Cette dent brissetienne dans sa boîte, dans ce carton, dans le garde-meuble, prend un air d'infini prolongement de la relation contenu/contenant, décevant à jamais -mais combien délicieusement- les chasseurs de trésors.

Pourtant, le "n'importe quoi" axial va encore d'une autre manière revenir au coeur de l'inventaire, dans l'âme de l'invention. Ce retour est causé par le fait qu'on y a détecté deux manuscrits d'ouvrages totalement inconnus jusqu'ici, *La Seine* et *Les Noces*. Il s'agit d'immenses poèmes en alexandrins (respectivement 7 mille et 20 mille vers) qui racontent avec une myriade de détails les tribulations dans le Paris de la Belle Epoque de quelques couples qui 'sortent'. Nous allons nous attacher ici à quelques réflexions sur *La Seine* où, au passage des vers, il devient de plus en plus clair que la 'sage' formation des couples (époux ou amants, homonymies et rimes) ainsi que l'identité du meneur de jeu y seront déchiquetées à grands coups de 'n'importe quoi', dans un bain de foule qui vire à la 'baignade' du fou. Après avoir indiqué la structure du texte et sa place dans l'oeuvre, nous verrons dans un deuxième moment comment d'une part les figures stylistiques spécifiques permettent de mieux comprendre l'univers roussellien et comment d'autre part s'articulera ainsi une réflexion sur la notion même de 'style'.

La Seine est une pièce de théâtre dans la grande tradition du drame en vers où Roussel trouve deux exemples par excellence: Victor Hugo (à qui il s'identifie déjà en écrivant *Mon Ame*) et Rostand dont le *Cyrano* avait eu un immense succès et qui a stimulé d'ailleurs la carrière littéraire de Roussel. Le drame en vers, de par sa nature et tout au long de son histoire, était foncièrement ambivalent, double -ce qui a dû attirer Roussel: le tragique et le comique s'y côtoient (né noble mais quel nez!), l'envolée lyrique des vers qui riment (permettant d'ailleurs de par leur fonction mnémotechnique les morceaux de bravoure des vedettes -là encore allant jusqu'au pastiche au début de *Cyrano,* véritable baromètre d'une fin de siècle en permanente glissade) et la vraisemblabilisation qui 'dialogue' la poésie par le moyen (entre autres) des répartitions entre acteurs, des enjambements, des rejets, des interjections, des exclamations, de l'insertion de remarques de régie. C'est un style hybride qui témoigne de la double volonté de rester au niveau de l'héroïsme exemplaire et d'accrocher le public du music-hall par un vérisme populaire. Le drame montre en ceci les mêmes caractéristiques que l'opéra de la même époque, exprimant à sa façon la relation compliquée entre l'individu (créateur) et la masse (la société) et complétant, sans donner de solution, par le vérisme des scènes de foule les cris de coeur des grands esprits (ou de ceux qui croient encore un moment qu'ils peuvent le devenir) -qu'on pense à *La Bohème* de Puccini.[3]

Si *La Seine,* que Roussel a dû écrire autour de 1903 (d'après les données que fournit Patrick Besnier dans sa présentation de ce texte dans l'édition Pauvert, 1994), part des mêmes principes, de sorte que son cadre sentimental, ses scènes de foule, son traitement des vers n'ont rien de proprement révolutionnaire, d'autre part il en fait trop: sept mille alexandrins (avec tous les changements de décor et de perspective) nécessiteraient une durée de représentation exorbitante; quatre cents personnages dépassent le seuil critique du reconnaissable (ce ne seront plus des individus, mais des voix ou des apparitions, comme chez Valère Novarina); le malaxage des vers (semblable au tronçonnage des lombrics) relève souvent plutôt de la charcuterie que de la mise en pli -tandis qu'à d'autres endroits par contre des morceaux fort poétiques tranchent d'autant plus nettement sur l'allure cahotante de l'ensemble. Est-ce pour des raisons de disproportion que Roussel a écarté ce texte (sans le détruire toutefois, en le rangeant précautionneusement par contre)? C'est pendant ce qu'il a appelé une période de prospection qu'il composa ces vers, entre l'époque de *Mon Ame* et de *la Doublure* d'une part et l'écriture de *La Vue* d'autre part. *Mon Ame* était la longue description en vers de l'âme du poète comme une mine, où parmi les flammes et les travaux naissent les scènes lyriques. *La Doublure,* dont en 1898 l'insuccès fut une amère déception, est l'histoire d'un acteur qui double les rôles des autres et qui rate son monologue comme il échouera dans sa vie amoureuse. La plus grande partie du poème est pourtant consacrée à la visite que ce Gaspard Lenoir et sa Roberte de Blou font au Carnaval de Nice et à la description tout au long de centaines d'alexandrins des chars et des grosses têtes. *La Vue* présentera, de nouveau en vers, l'inventaire minutieux de ce qu'on peut voir sur la petite image d'une plage insérée dans un porte-plume. La contrainte des vers est étayée dans ces deux derniers cas par l'accent mis sur la manipulation de la réalité dans l'artifice, la représentation, les jeux de mots du

---

[3] L'histoire du poète (Rodolphe) qui voit s'échapper la base même de son idéal telle que la raconte Murger, sera retravaillée par Puccini et ses librettistes pour donner toute place au sentimentalisme autour des Mimi et Musette destiné à plaire au grand public au dépens de la qualité essentiellement artistique. Roussel, de sa part, adore sans réserve ce genre de spectacles et les pervertira par l'excès même de ses imitations.

carnaval, le cadre de l'image, même si ces limites peuvent apparaître comme plutôt perméables. Roussel a dû avoir la conviction de dominer ici suffisamment le hasard, l'arbitraire, l'instinct, la violence par le moyen de sa règle de l'art. On peut supposer qu'à l'occasion de *La Seine* Roussel a senti que l'équilibre était autrement menacé et qu'il a renoncé à le publier, parce que le verrou du style y avait cédé sous la pression des hordes sauvages. C'est cette place des moyens stylistiques qu'on essaiera d'examiner de plus près. Ceux-ci constituent avant tout un garde-fou sur l'extrême bord de la débandade (comparables en cela, pour ce qui regarde le style de l'époque, au haut-de-forme et au jonc du dandy qui va s'encanailler). Dans leur prolifération et leur exubérance pourtant leur statut sera ambivalent: autant que de former une contrainte, une bande (pour reprendre un mot-clé de l'imaginaire roussellien), ils risquent de devenir une cinquième colonne permettant aux bandes de pillards de s'introduire dans la citadelle de la poésie.

La pièce comporte 4 actes dont le premier joue à la maison de Raoul Noël et de sa femme tendrement aimée Geneviève. Ils ont un fils modèle, Charlot. Mais quand Raoul reste seul, nous apprendrons qu'en réalité il a une maîtresse qui l'enferme dans un profond dilemme: il ne peut plus être heureux sans elle, mais il veut éviter également l'échec de son mariage. Jeanne Dufour, l'amante en question, fait son apparition et pousse Raoul à partir avec elle, menaçant de reprendre au cas d'un refus son ancienne existence de fille de joie. En sortant de la maison elle met des lettres compromettantes dans la corbeille de Geneviève. Sur le palier on voit descendre, dans une sorte de diversion, des peintres qui parlent de leur métier. L'acte se termine par l'entrée sur scène de Charlot, tout content de ses bons résultats scolaires (vers 1-598).

L'acte deux se déroule, quelques semaines après, au Bal du Moulin Rouge. Tout au long de l'acte court la trame de la discussion du couple qui est gai et détendu, mais ce dialogue est interrompu à chaque moment par les conversations des autres visiteurs parlant de mille et un sujets différents (vers 599-5340).

Pour le troisième acte la scène se déplace au Bois de Boulogne. Nous suivons les deux amoureux dans leur promenade et leurs paroles seront de nouveau mêlées à une foule de propos prononcés par d'autres passants. Vers la fin de l'acte Jeanne et Raoul inscrivent leurs initiales dans l'écorce d'un arbre (vers 5342-6495).

A l'acte quatre on est sur les quais de la Seine. Raoul a été abandonné par Jeanne qui est parti avec un autre. Il veut se noyer, car un retour à la maison est devenu impossible également, comme il devient clair par une lettre de Geneviève. Autour de lui se poursuivent les discussions sans queue ni tête des badauds. Quand il a pris sa décision et qu'il saute dans l'eau, le fleuve se referme au-dessus de sa tête, mettant fin en même temps au poème-fleuve qui paraît ne pouvoir se terminer que par cette catastrophe touchant la conscience centrale du texte. Il était pourtant clair depuis longtemps que dans sa naïveté et son inconscience ce personnage 'du foyer', brûlé au four de l'inconnu, se dilue étrangement au fur et a mesure des vers qui s'effilochaient. Son parler devient balbutiement, murmure quasi imperceptible dans le brouhaha du monde, son coeur bat la chamade devant le charivari de la ville immense. Si on regarde attentivement la première page du manuscrit -écrite en vitesse, négligemment- on détecte un lapsus calami, un repentir: tandis que la première fois le nom de Raoul a été écrit fermement, bien droit, à la seconde occurrence ("Une pièce chez Raoul") il penche dangereusement vers le bas -déjà- et ce qui est encore plus curieux, l'auteur a visiblement écrit d'abord 'Ro' avant de se corriger et de poursuivre en mettant 'Raoul': la contraction se devinait déjà; elle en devient flagrante: on est chez Ra(ymond) (R)ou(sse)l.[4]

Roussel joue un peu partout dans ses fictions avec les pièces détachées de son nom, comme pour en faire valoir la force de rayonnement et de rotation, sa rubiconde ferveur et sa griffe marquante, entre autres. Le nom de Raoul avait d'ailleurs déjà servi une première fois dans un des contes de jeunesse, "l'Orchestre". Le jeune Raoul s'y déguise en joueur de guitare et "au premier moment on eut peine à le reconnaître et le succès fut complet"[5]. Il s'admire dans la glace d'abord ("dès qu'il se vit il battit des mains"), mais sera happé ensuite par l'orchestre composé d'enfants ("le fait est qu'entre eux tous ils faisaient un assourdissant tintamarre"). La réduplication de l'ensemble sous forme de dessin (qu'un des convives fait à partir de cette scène et qu'évalue l'assistance) et la construction rigide du conte qui trace le parcours le plus court entre les mots 'cerceau' et 'berceau'[6] sauvent ici merveilleusement le héros du charivari. Il en sera différent pour un scénario comparable dans le cas de *La Seine*. Le 'berceau' de Raoul où aboutissent tous les tours de son destin est la tombe fluviale; son suicide s'inscrit à l'encontre de son nom de famille: Noël. Ou bien serait-ce à lui que s'appliquent ces paroles saisies 'au hasard':

> *LELAIN, causant avec un enfant.*
> Dans sa barbe il a l'air du bonhomme
> Noël; c'est un de ces vieillards tout blancs qu'on nomme
> Mathusalem en soi-même dès qu'on les voit. (6325/27)[7]

---

[4] De la même façon le narrateur roussellien est constamment à l'affût des moindres accrocs dans les signes, images, portraits, oeuvres d'art, pour découvrir en jubilant les marques de l'artifice; ainsi pour la pose des acteurs ou pour ces fentes par où se guide la personne à l'intérieur des grosses têtes du Carnaval (*La Doublure*). L'infiltration du nom propre de Raymond Roussel dans les textes, traité diversement (par contraction, dispersion, homonymie, paronymie etc.), est un phénomène omniprésent dans son oeuvre. Il s'agit fondamentalement d'imposer le style du propre au langage commun, risquant ainsi par là même que le trait individuel se dissémine.

[5] *Comment j'ai écrit certains de mes livres*, p.192 sqq.

[6] Le conte en question décrit le trajet "le plus court et le plus logique" (*Comment j'ai écrit...* dixit) entre les deux phrases: "Les tours de la mèche autour du bâton du cerceau s'élevaient au nombre de trois" et "Les tours de la mèche autour du bâton du berceau".

[7] Cf. également vers 902 où pour une seule fois apparaît un autre Noël: "Noël, *trinquant*. Donc à votre santé, cher confrère". Et un certain Peusch dont on n'aura pas d'autres nouvelles non plus de répondre: "A la vôtre,/ mon cher confrère; et puis tous les deux au bonheur/ De notre grand projet." Grand projet, qui nous restera à jamais inconnu -nous faisant rêver un moment- quand le texte 'zappe' au couple Seidel/ Fanny qui se dispute ('voilà la réalité des grands projets'). On peut commenter en empruntant à Bonniol son unique texte du vers 898 :

Son destin date depuis toujours et il paraît s'évanouir dans l'éternelle blancheur du vide (de la vie comme de la page). C'est que l'histoire du cadre, à longueur de vers, s'est aliénée. Ce qui avait commencé comme une idylle intime n'a pas pu survivre au bain de foule; le récit le plus privé s'est dilué dans les racontars. Les règles, les formes, le style qui auraient dû garantir une certitude: l'écriture d'un grand texte lyrique rendant compte d'un amour exemplaire, se montrent dans leur artificialité, manquant leur objectif comme les grandes histoires de la bourgeoisie. Nous pouvons en lire un commentaire vers la fin de la pièce:

> DUCARUGE: Pour un sonnet le mot "nacelle"
> Est plus sonore et plus amoureux que "bateau".
> Votre héros étant quelque berger Watteau,
> Un jeune jouvenceau plein d'innocence, imberbe,
> Il faut prendre un langage emphatique et superbe,
> Tâcher de ciseler du très joli français.
> Ainsi pour fin j'aurais voulu "Tant je pensais
> A toi dans mon lointain exil".
> HERVOIX   Toute l'idylle
> Gagnera grâce à vous et l'amoureuse Odile
> Sera fière du beau parler de son berger.
> Elle ira méditer le soir en son verger
> Sur l'amour et sur ses ivresses ineffables.
> Mon sonnet deviendra fameux parmi les fables
> Populaires.
> RAOUL   Je n'ai plus d'attaches, plus rien
> Dans ce monde à chérir, à voir... Seul, sans lien,
> Sans foyer, où pourrais-je aller? ... quelle est la vie
> Que j'aurais?... (6721 sqq.)

Et ce passage se poursuit avec la description d'une vue de montagne gâchée par des Anglais bruyants qui faisaient

> des phrases dont l'accent
> Etranger distrayait notre extase en lassant
> Fort notre patience. (6746 sqq.)

'Mon coeur a son secret, mon âme a son mystère' n'arrête de se murmurer le fidèle admirateur d'Arvers, mais l'hétérogénéité qui inonde son texte le mène loin de là avec une hâte de dilapider et de déchirer l'héritage qui fait penser à la façon dont la France se jettera dans la Grande Guerre.

"*regardant une boisson gazeuse* Ça pétille."
On peut rêver encore un moment en se demandant si Roussel ne s'est pas livré ici à tel jeu numérique dont on trouve d'autres exemples dans son oeuvre (les chiffres et leurs lois constituant ainsi un garde-fou 'stylistique' supplémentaire). On sait que Mathusalem aurait eu 969 ans; or il figure ici dans le vers 6327: 6+3=9 et 2+7=9 tandis que 3x2=6!

La dernière page de *La Seine* illustre encore très bien cette débandade: dans la conversation des passants on trouve une nouvelle fois la description d'un spectacle théâtral -soulignant l'artifice-, où Polichinelle triche au jeu et sera pendu. Personne ne le plaint:

> LOPINOT   Non; sa honte
> Empêche la pitié; qu'on soit banquier ou ponte,
> Tout châtiment est doux quand il s'agit de vol.
> RAOUL J'ai l'air autour de moi, partout... je sens le sol
> Ferme lorsque je marche...
>   En bas la Seine passe...   (Il lève la tête)
> Le ciel! ... Je vois le ciel... les étoiles... l'espace (Il regarde autour de lui)
> Personne? Non.
>   C'est l'heure...
>   Il faut... je veux... je veux (Il enjambe le parapet)
> Adieu Jeanne... ma Jeanne aimée... (il porte la boucle à ses lèvres)
>   Oh, ses cheveux!... (Il se précipite. Un silence. Bientôt on entend siffler au loin une chanson populaire. Un gamin paraît, traverse le pont et sort en sifflant toujours. Le sifflement s'éloigne. La toile tombe.)

Et c'est ainsi que se termine la pièce. On aura remarqué que l'ultime réplique de Raoul se combine de la sorte avec le vol du pendu: par antithèse, car lui, partant du sol ferme ne se balancera pas à la potence, mais glissera sous les eaux pour disparaître à jamais; en le répétant pourtant aussi, car si c'est lui qu'on a volé, il est également celui qui a triché et dont le rôle de grand séducteur tourne à la catastrophe. Les vers coupés en morceaux (avec ce décalage des lignes qui survient ici pour la première fois à l'intérieur d'une même réplique), assurant ailleurs l'enchaînement des locuteurs, morcellent et écartèlent ici déjà le personnage. "Cheveux" est le dernier mot prononcé par le fétichiste invétéré, mais la boucle ne se complète vraiment que par "tombe". La grande scène tragique a pris un air absurde par son long détour populaire et par les infinies réduplications (toute émotion s'avère être jouée); ainsi malgré la rime 'pendu' - 'bras tendu' (6918) le texte poursuivra avec celle entre 'potence' et 'impotence'[8] : nul mandragore sous l'infinie relâche.

Peut-être que dès le début fut inéluctable cette dégringolade finale. C'est que dans les premiers vers avant que les deux époux ne s'embrassent et ne se regardent au fond des yeux, il est question d'une fausse entrée: Raoul doit sonner car il a perdu sa clé. Avec 'sonnette' rime 'chansonnette' (vers 1/2), première diversion d'une série interminable et dont il dit:

> Mais ce n'est qu'une chose absolument futile
> Et j'aurais pu la perdre; il serait plus utile
> D'avoir gardé ma clé... Mais je ne trouve pas...
> Je me fouille partout déjà depuis en bas...
> Non... rien... (5-9)

---

[8] Celle de Cassandre; c'est-à-dire ici du ridicule vieillard toujours dupé emprunté à la comédie italienne. Dans un sens ce Cassandre répète aussi sur un ton mineur le rôle de la célèbre prophétesse troyenne.

C'est déjà le même langage bafouillé, le même 'rien'. Le secret de la poésie, le message élémentaire que -suivant l'idéologie ultra-romantique que professe consciemment Roussel- la littérature peut fournir, ne se laisse plus saisir. Il s'avérera que c'est la maîtresse qui a pris la clé, détournant l'idylle du ménage comme première des étrangères, ouvrant sur les lieux de foule pour se dérober ensuite et laisser Raoul déboussolé. Jeanne Dufour entérine cette aliénation en glissant les lettres qui témoignent de l'adultère dans la corbeille de l'épouse. C'est de la même façon que les autres personnages vont intervenir, de plus en plus nombreux, de façon de plus en plus arbitraire, par des propos qui de plus en plus sautent du coq à l'âne. Et c'est dans la facture même des vers que se reflète/prend naissance cette reprise divergente, cet enchaînement de dérive. C'est tout d'abord à une pratique courante du théâtre en vers que nous pensons, à savoir la répartition des rimes sur deux (ou plusieurs) personnages qui dialoguent, répartition qui augmente couramment l'unité et la cohérence du discours. C'est encore le cas quand se parlent Raoul et Geneviève au début:

> RAOUL: Geneviève, je suis heureux de me sentir
> Près de toi.
> GENEVIEVE: C'est ainsi qu'on ne peut se mentir [...] (15-16)

où l'unité du discours se conserve quoique les rimes proposent déjà un écart fondamental: sentir = mentir et que le rejet de "près de toi" met justement ces paroles à distance du 'sentir'. Le ver est dans le fruit de l'harmonie.
On signale également un deuxième procédé servant d'ordinaire à la fusion des discours et qui consiste dans le partage d'un vers entre deux ou plusieurs participants à la discussion. C'est aussi une technique de vraisemblabilisation à la Becque. Dans le second et le troisième acte on verra comment ce découpage accentue justement le caractère hétéroclite des propos qui se succèdent, bien étonnés de se trouver ensemble au sein d'un même alexandrin. Ce genre de distorsions sera encore augmenté par l'emploi d'un certain lexique et par la construction des phrases. A côté de vers fort 'classiques' nous trouvons également des alexandrins pleins d'expressions prosaïques, de tournures familières, d'inter-jections banales, de formules stéréotypées, de termes passe-partout et de chevilles. Ce serait cela le style pour Roussel: un moule qui doit permettre de tout dire quitte à découvrir que de cette façon le creuset se remodèle sous le poids de son contenu. Un bel exemple se lit au second acte où une certaine Albertine (sic) parle des cours qu'elle suit et des devoirs qu'elle fait:

> ALBERTINE: Oh! très courts,
> Seulement des brouillons, des résumés d'histoire.
> L'autre jour, j'ai fait un récit de la victoire
> De Salamine; c'est très compliqué; demain
> Je vais repasser la bataille de Denain,
> Fermer le livre et puis l'écrire; c'est utile,
> Les devoirs de ce genre, aussi bien comme style
> Que comme histoire, et puis c'est amusant.

LECHEVEREL   En grec,
Sauriez-vous dire: "Dieu, qu'il est dur ce bifteck"
Par exemple?
ALBERTINE: Mais non! Je ne sais pas le lire,
Le grec; ainsi...   (1976-1986)

Et cette Albertine, comme tant d'autres personnages, se manifestera d'ailleurs
encore à plusieurs reprises après avoir été interrompue, mais à chaque fois -à peu
de distance- en parlant de sujets très divergents. Cet accent mis sur la divergence
exhibe la fondamentale étrangeté de ce bric-à-brac gigantesque où les personnages
empruntent à Roussel le profond désir des combinaisons tirés par les cheveux, des
collages de parapluies et d'autres machines à coudre, des faits *divers* surtout et des
diversions théâtrales - repris sous forme de récit. Le caractère loufoque,
déséquilibré de ce pot-pourri se trahit d'ailleurs peut-être le plus visiblement dans
un maniement chaotique et cahotant des enjambements et des rejets ou des contre-
rejets ainsi que par un emploi fantaisiste des césures et de la composition des
hémistiches.[9] Signalons encore la nature des rimes comme élément remarquable,
là où les combinaisons sont trop riches, voire trop banales ou bien relèvent de
registres différents ou encore ne riment que pour l'oeil par exemple.

C'est surtout dans le second acte que par l'alternance des mouvements, des
personnages et des discussions, tout au long des 4750 vers, peut se faire un
véritable brassage de masse. Le vérisme du début annonce bien la couleur de
toutes les promiscuités à venir:

LES SPECTATEURS, applaudissant: Bravo bravissimo, bis.. bis... brravo, bravo.
LANDRY: Peut-on applaudir ça! vraiment, c'est peu nouveau!
Elle chante assez bien, mais ce qu'on la serine,
Je suis sûr! Et c'est flasque! As-tu vu sa poitrine
Comme ça ballottait! hein? Eh là-bas, Ernest!

Dans les propos mondains de l'assistance frappent des remarques sur les grands
nombres et sur le fait qu'"Il faut que ça déborde/ Presque..." (634) Nous pouvons
suivre ensuite Jeanne et Raoul tout au long de l'acte, où ils interviennent dans des
passages qui sont d'abord d'une longueur d'une dizaine de lignes avec des

---

[9] Voici quelques spécimens: Raoul: "...tu ne peux comprendre vers quel gouffre/Je me sens attiré. [Jeanne] Vers
le bonheur et vers/ La tendresse sans fin. Nous aurons des hivers/ Bien intimes" (300)
...Elle avait son mouchoir/ Dans la main gauche, un très mince mouchoir à raies/ marron; elle portait de très grosses
bagues, vraies/ Ou fausses je ne sais, mais belles à coup sûr; (2392)
Cette horloge va juste, à la minute près/ Même moins, comme ma pendule; eh bien, c'est très/ Agaçant quand je dors
mal la nuit, sans lumière,/ D'entendre chaque fois l'horloge la première/ Qui sonne la demie ou l'heure, et de savoir/
Exactement à quel instant, même sans voir,/ La mienne y répondra. (2567)
...je ne puis comprendre qu'on montre/ Ses cuisses en maillot - enfin, chacun selon/ Son goût! (3510)
...la fille est plus pâle/ Que jamais; son coeur bat; son haleine est un râle/ Entrecoupé ...Plusieurs fantômes sont déjà/
Dispersés dans la salle... (6045)
...au fond c'est un simple coucher/ De soleil; au milieu du gros astre un clocher/ Lointain tient tout entier avec sa haute
flèche/ Dans le disque; en avant un bon grand chien se lèche/ La patte... (6343)

intervalles de 3-4 pages.[10] Ils parlent de la pluie et du beau temps, des boissons et surtout de la façon dont ils dansent -de telle lettre d'amour également:

> JEANNE: "Je me souviens, j'avais fait des efforts de style.
> RAOUL: Le style, quant à ça, c'était bien inutile.(670)

Ensuite on peut distinguer plusieurs étapes selon leurs activités et leurs rencontres. Ils vont notamment faire une longue patience (nous faisant patienter!) caractérisée ensuite comme 'réussite' prédisant un bon avenir (mais où il n'est pas sûr qu'on n'ait pas triché!). Leur histoire, on le sait, est plutôt à l'image du château de cartes que construit Jeanne. Puis ils se promènent et se racontent des faits divers plutôt sinistres (sur la mort d'une mendiante; sur un crime original à la Poe) et commentent certains objets (une miniature, une montre). Les passages qui concernent le couple central deviennent plus longs avec l'arrivée de leur amie Nina Forgelot, qui aime raconter des histoires: sur des faits divers angoissants -un grand incendie; une chute mortelle; un cocher ivre- et sur des représentations auxquelles elle a assisté -un ballet; un cirque avec des acrobates, une trapéziste, un clown, une écuyère. Jeanne enchaînera d'ailleurs avec un récit sur un spectacle de pantomime et avec des considérations sur le métier des acteurs. Comme partout chez Roussel, ces histoires de représentations mettent surtout l'accent sur tous les trucs, les artifices, les détails où se voit le côté fabriqué, apprêté. Après le départ de Nina, une autre camarade, Yvonne Texerand, prend la relève pour raconter elle aussi avec force détails la rencontre d'un groupe d'acrobates et un drame crapuleux d'un rémouleur et d'un vitrier. Deux passages importants terminent l'acte: le récit d'un rêve de Jeanne et une méditation 'philosophique' de la part de Raoul.

Le troisième acte est relativement simple: les interventions de Raoul et de Jeanne sont brèves et parlent de leur grand bonheur (pour mieux préparer le changement catastrophique qui va suivre) et du besoin de l'inscrire dans le tronc des arbres. Dans la deuxième partie de cet acte le ton change parce que Raoul va raconter des histoires terribles pour que Jeanne puisse frissonner dans ses bras (ce dont elle ne paraît d'ailleurs pas être capable) et il termine par une réflexion sur l'existence.[11]

---

[10] En traitant la suite des vers en hypertexte, on peut facilement suivre les différentes filières.
[11] Avec un très joli résumé de l'enfance (âge préféré de Roussel)
L'existence humaine c'est bien vite
Résumé; le début on le passe au berceau;
Plus tard on joue à la Tour prends garde, au cerceau,
On apprend l'alphabet, le calcul à l'école,
On édifie avec un pinceau plein de colle
Des châteaux en carton avec des escaliers
Extérieurs mal faits; on a de grands colliers
De marrons enfilés avec une ficelle,
On lance des ballons en courant, on ruisselle
De sueur, on s'amuse, on prend de la santé...
L'âge adulte voit arriver les amours, les trahisons, le désir de mourir, l'oubli et ...d'autres amours. Puis:

Dans le dernier acte c'est l'opposition entre les propos frivoles des promeneurs et les cris de coeur de Raoul qui donne le ton.

Ce qui donc se manifeste déjà clairement pour la filière Raoul-Jeanne, à savoir le mélange de paroles insignifiantes et d'histoires diverses, se poursuit dans les autres trois quarts du texte. Il faut remarquer que la succession de ces différentes voix ne se fait pas d'ailleurs de façon souple, mais qu'elles se coupent radicalement, désorientant le lecteur, qui se sent plongé au sein d'un véritable brouhaha, entraîné par un tohu-bohu époustouflant, surtout vu que d'abord ceux qui interviennent n'ont nullement des messages d'une indubitable urgence à proposer et que secundo leurs paroles seront de nouveau coupées avant même d'avoir pu gagner la plupart du temps suffisamment de cohérence pour pouvoir capter l'attention de qui que ce soit (exception faite du 'micro' en vadrouille). On peut considérer pourtant aussi ces irruptions comme donnant accès à des morceaux de poésie pure, où ce ne serait plus l'appareil stylistique qui balise le sens, mais où la dissémination des éléments signifiants propose une mouvance poétique, acrobatie que ne 'garantit' que de loin le filet des alexandrins. Un style carnavalesque se dégage au-delà des contraintes stylistiques de la poésie classique. Le style des règles glisse ainsi vers une conception moderne du style comme force expressive (menant vers Céline, Artaud etc.). Le 'beau style' comme idéal classique et parangon scolaire cède le champ devant les brisures d'une langue mineure inscrivant le nomadisme du texte. Comme exemplaire de ce genre d'irruptions, d'apparitions inattendues (qui se reflètent aussi d'autre part dans les histoires de fantômes telles que les raconte Raoul) on peut prendre la fin du premier acte qui en fait nous prépare à la suite.

Quand Jeanne et Raoul descendent l'escalier de l'immeuble, y passe également un groupe de jeunes peintres. Pendant une centaine de vers ils discutent sur leur métier. Ils sont 17 et s'ils parlent parfois de leur situation actuelle et de leurs préférences ("une pipe", "s'amuser"), c'est surtout toute une galerie de tableaux qui passe devant nos yeux, présentant ainsi un univers au second niveau, mais avec une telle insistance sur la représentation et les techniques picturales que justement les niveaux se confondent, ce qui constituera une constante de la pièce. La double organisation stylistique se déplie de la sorte: le 'zapping' d'un sujet a l'autre; la continuité des vers qui crée le *legato*. En résulte un monde où l'être et les apparences se mêlent inextricablement (ce qui au fond est la tragédie de Raoul également). Les différents sujets des peintures (des bras, un allumeur, un tombeau avec des spectres et une veuve -*comble* de noir et blanc-, un zouave amoureux languissant au pied d'un balcon etc.), aboutissent à une vision où le rouge inonde tout. Chauvelot y brode sur un thème qui reviendra dans la pièce comme image

---

Cinq ans passent, puis dix
Et petit à petit s'approche la vieillesse.
On ne connaîtra plus les beaux jours de liesse
Avec l'amante; froid et lugubre l'hiver
S'est installé.
Et cet hiver est plus proche pour Raoul qu'il ne saurait l'imaginer.

obsessionnelle (3841). Ce rouge omniprésent permet parmi les radis, les cardinaux et les couchers de soleil de ménager un écoulement au flux de la violence:

> CHAUVELOT   C'est vrai, je n'aime que les rouges,
> Tous les rouges du monde; ainsi peindre des bouges
> Dans lesquels on commet d'affreux assassinats
> Afin d'utiliser la gamme des grenats
> Et des carmins, depuis le vin coulant du verre
> Renversé jusqu'au sang qui se répand par terre
> Et tache le couteau, l'épée ou le stylet;
> Représenter le mort étendu quand il est
> Encore chaud et faire entrer dans les fissures
> Du vieux plancher mal joint le sang de ses blessures
> Pendant que dans un coin un homme avec un seau
> Eponge une autre flaque. En voyant mon pinceau
> D'un rouge étincelant je me sens fou de joie. (537-549)

La folie du rouge fait prophétiser à Thiercelin:

> Quelque jour tu mettras des lunettes
> Toutes rouges pour voir le monde entier rougi.

Et un lecteur attentif de Roussel sursaute en lisant les vers qui suivent et qui dans un premier moment ont l'air de parler de tout autre chose:

> PLAGNE: Le lion est sublime; il semble avoir rugi
> Avant de s'élancer d'un seul bond sur le tigre.

Le lien 'rougi' 'rugi' fait place au tigre qui un jour, à l'heure de *Locus Solus*, sera au coeur d'une nouvelle scène d'omniprésente rougeur et d'une crise d'"érythrophobie". Ethelfleda Exley y répète à volonté dans les glacières, animée d'une vie artificielle, la scène qui provoqua sa folie: la lunule de son ongle reflète la lumière de l'enseigne rouge de l'hôtel (où toute l'Europe est peinte en rouge), tandis qu'un vieux serviteur appelle le groom en employant l'ancien terme de 'tigre'. Cette coïncidence remet devant les yeux de la jeune femme la terrible scène où son père, lors d'une excursion en Inde, fut déchirée par un tigre et elle sombre dans la démence. Pareillement (ainsi que le relate *Comment j'ai écrit...*), après la publication de *La Doublure* (1897), Roussel, qui s'attendait à ce que les rayons de lumière sortant du texte aillent jusqu'en Chine, eut une terrible maladie de la peau se manifestant par des rougeurs omniprésentes quand le succès n'arriva pas.[12] Les doublures (homonymes, rimes, vers, frigidaires à vie artificielle,

---

[12] On pourrait également regarder du côté de *Chiquenaude*, conte publié en 1900 et qui tisse une fiction entre "Les vers de la doublure dans la pièce du *Forban talon rouge...*" et "Les vers de la doublure dans la pièce du fort pantalon rouge!" où le rouge est comme le catalyseur d'une rage de doubles et de déchiquetage (le 'talon rouge' figure aussi dans le propos des peintres de *La Seine* d'ailleurs). Pour qu'on reste pensif Roussel écrit dans *Comment j'ai écrit...* (juste

tableaux) servent à canaliser la violence et la folie, le rouge affreux, immense appareil métonymique -les mots pour le dire- qui enchaîne le symptôme, le ça, le horla, l'innommable, ces "intarissables flots vermeils coulant de la carotide ouverte" (*Locus Solus*, p.188). Dans *La Seine*, après ce passage des peintres, on peut revenir à Charlot, le fiston qui s'exclame: "Maman, c'est moi qui suis le premier en français!", mais rien ne pourra retenir la violence des ruptures et de la mort qui, inéluctablement, par mille ambages et travestissements, foncera sur les personnages. Le dernier propos du peintre Plagne était "surtout son chasseur écossais" (sujet d'un tableau superbe); or la rime 'écossais' 'français' permet le passage, en souplesse, mais laisse aussi sa trace, indélébile trace de sang, de chasseur (fût-ce dans l'arbre).

Dans les histoires que se racontent les différents personnages au Moulin Rouge et dans le Bois de Boulogne nombreuses sont les scènes de violence, témoignant d'une part d'une sorte d'encanaillement du récit, se reflétant d'autre part dans les atteintes que subit le vers classique. C'est donc comme une double ceinture de sécurité qui exhibe les séquelles de son affectation. Cette même dimension se reconnaît dans les histoires de sinistres. Prenons comme exemple significatif le récit d'un incendie fait par Nina (vers 2808 sqq.).:

> J'ai vu le feu
> De loin dans un petit village; c'est superbe,
> En pleine nuit.

Emportée par le train, "l'effrayante flamme" la fait rêver "m'attendant presque à voir s'envoler des dragons" (c'est le véhicule même -du vers- qui appelle cette apparition: wagons-dragons). Il faut se mettre à l'abri:

> Par peur d'attraper la migraine
> En restant trop à l'air qui cinglait joliment
> Je suis rentrée au fond de mon compartiment
> Songeant que l'on aurait peut-être des victimes
> à pleurer.

Le même phénomène se manifestera quand Raoul va raconter une histoire d'épouvante afin de faire frissonner Jeanne et de mieux sentir comment elle se blottit dans ses bras (6010 sqq.). "J'aimerais te calmer par de douces paroles". Dans son récit une pure jeune fille subit les assauts nocturnes d'un fantôme ("son linceul plein de taches de sang"). L'ordre est donné

---

avant de parler de la crise des 19 ans): "Il ne faut pas chercher de rapports entre le livre "La Doublure" et le conte "Chiquenaude"; il n'y en a aucun." En effet, tout les distingue excepté cette tache aveugle en infra-rouge: que le double (et tout ce qui figure le redoublement), autant que de permettre une heureuse reconnaissance, ouvre la scène de la violence.

de lui faire souffrir la pire
Des tortures; prenez garde qu'elle n'expire
Qu'au jour; que sa douleur soit longue et sans arrêt.

Tous les ingrédients d'un roman 'gothique' sont mobilisés: un livre de prédictions à consulter, un nain affreux comme bourreau, un air de folle gavotte. Puis un chien "monstrueux" qui

se précipite et mord
La chair en maint endroit

et on continue par la lapider jetant

à tour de bras des pierres
Sur la bouche de la patiente; la peau
Se détache et déjà le profil assez beau
Tout à l'heure, n'a plus de ligne ni de forme;
Le sang coulant à flot fait une flaque énorme
A laquelle pendant un moment le chien boit;

Sans cesse un surplus d'artifice s'ajoute chez Roussel à l'échafaudage factice du style pour que surtout ça ne soit pas vraiment vrai; qu'on sache bien que ce n'est que pour jouer... jusqu'au moment où au premier niveau de la fiction -que tant d'art conté authentifie par ricochet- tout coule et que tant de noyades relatées se précipitent dans un cadavre sur les flots gris et froids de la Seine (sous la scène la Seine) ou encore jusqu'à ce 14 juillet 1933 quand un épisode sans clé a mis fin à la vie de Raymond Roussel. Pour le moment, au coeur du conte noir, c'est la caricature que fabrique le nain qui renforce étrangement le degré d'artifice. Jeanne en est même trop peu impressionnée selon Raoul et il ne cessera de renchérir en proposant notamment l'histoire d'une sorcière qui coupe en quatre tel "enfant blond aux yeux de chérubin". Alors Jeanne prend l'initiative et mène Raoul au combat: il tuera le dragon et ils obligeront la sorcière "à conjurer le sort néfaste" de sorte que l'enfant pourra de nouveau "gambader frais et gras" (pour rimer avec les *bras* remis en place). Le fond du mythe roussellien s'y repère: la poésie devrait pouvoir faire renaître l'enfance idyllique. Mais Jeanne oblige notre héros à revenir à sa réalité à elle (qui lui coûtera bientôt si cher):

Hélas jamais nous ne pourrons
le trouver; on mettra partout de faux perrons
Magiques devant nos chemins; à notre approche
Ils s'évanouiront ne laissant que la roche
Abrupte

(Oh rejet bien significatif!). Remarquons que cet épisode a pris plus de 300 vers et peut être considéré comme le bouquet des errances mondaines du couple. En effet après les "faux perrons magiques" ce sera l'heure de "la roche abrupte". Dans le dernier acte Raoul ne pourra plus rien faire d'autre que de se lamenter. C'est un certain Rodary qui de sa façon tire la leçon de l'ensemble. Il est en train de répéter un rôle en compagnie de sa partenaire Gertrude Carolier:

> Viens, le maquis
> Est noir... Adorons-nous dans l'ombre." Un seigneur corse
> Comme moi devrait prendre une fille de force
> Et ne pas s'arrêter à de telles fadeurs
> Avant de faire part aux gens de ses ardeurs.
> Je comprendrais ces beaux discours et ce langage
> Pour un poète aux cils recourbés qui s'engage
> Sans retour à rester fidèle, mais non pas
> Pour un sire puissant entraînant dans son pas
> Maints pages et laquais. Cette pièce est trop bête,
> Je ne pourrai jamais me l'entrer dans la tête.

Il jure qu'il ne se souciera plus de beaux vers ... tout en continuant à débiter les alexandrins de *La Seine*.

> Tant pis! on fait des vers libres; la fantaisie
> Quand elle est de bon goût surprend l'oreille et sied
> Très joliment; on met tantôt le vers d'un pied,
> Tantôt l'alexandrin. Au diable la mémoire!

Cette tension entre le style et le contenu, entre les formes en tant que contraintes et la pulsion du désir se fait sentir partout dans l'oeuvre de Roussel[13]. Bientôt après l'écriture de *La Seine* il va publier *La Vue* où les limites de la description se poseront doublement, par l'alexandrin encore, mais surtout (et c'est ce deuxième garde-fou qui permet peut-être la publication dans ce cas-ci) par un autre cadre artificiel, la minuscule vue insérée dans un porte-plume. Là encore pourtant ce qui est fascinant c'est de pouvoir assister à l'établissement de cet impossible équilibre où le figé se voit toujours menacé par le flux qui déborde, par la frange des figures où l'air tremble sous la chaleur des émotions. Le fameux procédé jouera un rôle comparable à l'heure des grands romans et des pièces de théâtre des années vingt: ce tour de force stylistique est moins une exhibition de la toute-puissance du langage qu'un essai de donner un statut littéraire au flot d'images surgissant de l'inconscient et trouvant sa force magique selon les rencontres faites au fil des pages du Bécherelle et d'autres almanachs Vermot. Dans une dernière étape Roussel arrivera enfin à une formule qui l'obligera à serrer encore mieux *La Seine* au fond de ses tiroirs: ce seront *Les Nouvelles Impressions d'Afrique* où il ne sera plus question d'une explosion horizontale de la scène première (la relation du couple telle qu'elle s'égare dans *La Seine*), mais où règne l'implosion qui fait que

---

[13] Et je suis tout à fait d'accord avec la formule que choisit Annie Le Brun dans la conclusion de sa très belle relecture de Roussel (*Vingt mille lieues sous les mots, Raymond Roussel*, Pauvert, 1994): "Jamais la solitude du désir n'aura été si innocemment et si cruellement prise comme critère de vérité" (p.345).

le mince énoncé des marges se complique constamment (jusqu'à neuf degrés) de parenthèses, de doubles parenthèses, de triples parenthèses etc. et de notes. Et, caché à l'ombre de ces palissades, s'étendent de vastes plaines paradigmatiques, poésie pure où fuse le désir au-delà de tout ordre syntagmatique. Mais c'est donc une autre *scène*. Le style de Roussel, à l'aube du vingtième siècle, est symptomatique par excellence pour la manière dont, au coeur même des splendides ruines de l'art de jadis (reconstruites par préférence comme des 'follies'), se creuse un dire moderne criant ses manques et ses excès, son insuffisance et son insaisissabilité.[14]

Rijksuniversiteit Leiden

---

[14] Roussel est un de ces auteurs qui marquent la transition entre les deux volets de la définition initiale de la notion de style dans le Grand Robert: "Aspect de l'expression chez un écrivain, dû à la mise en oeuvre de moyens d'expression dont le choix, raisonné ou spontané, résulte dans la conception classique des conditions du sujet et du genre, et dans la conception moderne, de la réaction personnelle de l'auteur en situation."

À propos de "La Bataille" de Balzac

Lettre à Maarten van Buuren

Franc Schuerewegen

Ce n'est pas que je rechigne à répondre à votre demande mais je crois que j'ai peur de vous décevoir. Vous me demandez une réflexion sur les rapports entre la stylistique en tant que discipline critique et l'esthétique du *non finito*: parce que le *non finito* vous intéresse, parce que cela *nous* intéresse et que nous avons tous les deux un peu travaillé sur le sujet. Mais je ne suis même pas sûr, moi, que ces rapports existent. Un *style inachevé* me semble, très honnêtement, être une contradiction dans les termes. A moins, bien sûr, qu'il s'agisse d'un *effet* d'inachèvement. Mais cela ne suppose-t-il pas, de la part de l'écrivain, une grande maîtrise stylistique et, donc, une forme très poussée d'achèvement? Quel casse-tête, n'est-ce pas!

Vous vous rappelez l'espèce de préface que Robert Martin a rédigée pour le volume collectif *Qu'est-ce que le style?*[1] Il s'agit d'une mise au point fort utile que j'ai envie de reprendre ici. Comme point de départ. Car il faut bien partir de quelque chose. C'est aussi une mesure d'économie: j'essaie d'aller vite, vous avez compris.

D'après Martin, cher Maarten, il existe, en gros, quatre critères permettant de définir ou, au mieux, de circonscrire un style. Le premier est le fameux et sacro-saint principe de l'"écart". Il est vrai que ce principe se heurte à l'objection que le degré zéro de l'écriture n'existe pas et qu'il n'y a pas de style neutre. Mais il convient de ne pas oublier les services très précieux que peut nous rendre l'approche statistique. Songez au corpus FRANTEXT ou à sa version américaine ARTFL. Une approche objective est aujourd'hui possible de la notion d'écart qui retrouve ainsi, d'après Robert Martin," une très solide justification" (p. 10).

La notion de" choix" est le second critère retenu par Martin: il est" la condition même du style". C'est à cause de notre compétence *paraphrastique* que nous sommes tous en quelque sorte des stylisticiens-nés. Donnez-moi n'importe quelle phrase ou bout de phrase et je vous produis sur-le-champ toute une série de variations modales, thématiques, connotatives, etc, à partir de ce que vous m'avez donné. Je sais faire des variations. Tout locuteur sait faire cela. Cet *art de dire autrement les choses* est aussi le secret du style, de la stylistique.

---

[1] *Qu'est-ce que le style?* sous la dir. de G. Molinié et P. Cahné, Paris, PUF, 1994.

Le choix est une condition nécessaire mais non pas suffisante, la notion de style véhiculant aussi une "présupposition d'invariance", c'est-à-dire que la variation stylistique laisse intactes "les valeurs de vérité". C'est pourquoi, d'après Martin, la notion de style ne peut que perdre sa pertinence dès lors que "la fonction référentielle s'estompe". On parle du style de Flaubert, de Chateaubriand, mais non pas de Ronsard ou de Rimbeau: "le poème n'est pas un lieu de style" (p. 11).

J'en arrive ainsi au quatrième critère qui m'importe plus particulièrement ici. S'il y a style, il y a une "réussite textuelle", la notion de style étant incompatible avec la notion d'*échec*: "un texte, tout texte, peut être appréhendé comme un objet finalisé" (p. 12). L'effet de style peut alors être vu comme la mise en oeuvre d'un projet, comme l'accomplissement d'une finalité, consciente ou inconsciente, car Freud est passé par là et la stylistique l'a rencontré. Mais l'essentiel est dans l'idée de finalité; on va *vers* quelque chose; il y a un but, et tout se définit en fonction de ce but: "la réussite textuelle est au texte ce que la cohésion et la cohérence sont à l'énoncé, ce que la grammaticalité et l'interprétabilité sont à la phrase. Lorsque le style est réussi, il est un objet non reproductible, une combinatoire unique qui n'a de justification que dans le seul contexte où elle vient s'insérer".

C'est clair, non? Place aux gagneurs. Le style, tout style, quel qu'il soit, suppose une forme de réussite. Si vous échouez, si vous ratez votre affaire, pas de style. Tant pis pour vous. *Quid* donc du texte inachevé, je veux dire qui demeure inachevé, parce que l'écrivain n'a pas pu ou n'a pas su le mener à terme? Peut-on aborder ce genre de textes avec l'outil de la stylistique, dont on vient de voir que l'orientation est résolument téléologique? Et si oui, à quel prix?

Je choisis à dessein un auteur ayant une très mauvaise réputation: Balzac, dont on a dit qu'il est le plus "vulgaire" de nos écrivains, le champion des mal écrivants[2]. C'est Proust qui parle de la "vulgarité" du langage de Balzac: "elle était si profonde qu'elle va jusqu'à corrompre son vocabulaire, à lui faire employer de ces expressions qui feraient tache dans la conversation la plus négligée"[3]. C'est que, toujours d'après Proust, "dans Balzac, il n'y a pas à proprement parler de style [...] Dans Balzac [...] coexistent, non digérés, non encore transformés, tous les éléments d'un style à venir qui n'existe pas" (p. 269).

Style inexistant et pourtant admirable. Car Proust, ne l'oublions pas, est un *admirateur* de Balzac, malgré ces reproches gravissimes et sans excuse. Vous connaissez la fameuse lettre à Mme Strauss où Proust fait à sa façon la défense et

[2] Pour un mise au point récente voir l'article d'Eric Bordas, "Balzac à l'épreuve de la stylistique (ou la stylistique à l'épreuve de Balzac?) Historique d'un préjugé", *L'Information littéraire*, 3, mai-juin 1995.
[3] "Sainte-Beuve et Balzac", *Contre Sainte-Beuve* précédé de *Pastiches et mélanges* et suivi de *Essais et articles*, éd. P. Clarac et Y. Sandre, Pléiade, 1971, p. 264.

illustration de la langue française: "La seule manière de défendre la langue, c'est de l'attaquer, mais oui, Madame Strauss!"[4]. Balzac est de ce point de vue un prédécesseur pour Proust, le premier des écrivains "casseurs". Balzac est proustien avant la lettre: il a cassé la mécanique, involontairement sans doute, mais là est sa force. Car les intentions de l'écrivain comptent sans doute pour très peu dans cette histoire. L'essentiel, c'est l'effet produit: "Cette vulgarité est peut-être la cause de la force de certaines de ses peintures" ("Sainte-Beuve et Balzac", p. 265). Et plus loin, Proust ajoute: "Ce style ne suggère pas, ne reflète pas: il explique. Il explique d'ailleurs à l'aide des images les plus saisissantes mais non fondues avec le reste, qui font comprendre comme on le fait comprendre dans la conversation si on a une conversation géniale, mais sans se préoccuper de l'harmonie du tout" (p. 270).

Qu'est-ce que ce style qui n'en est pas un? Pourquoi sommes-nous si *séduits* par cette écriture de la discordance et de la dissonance? Il y aurait sans doute plusieurs types de réponses à donner. Je choisis pour ma part de faire un détour par la *macro-génétique*, terme que j'emprunte à Stéphane Vachon, qui a raconté la difficile genèse de la "cathédrale de papier" qu'est *La Comédie humaine*[5]. Vous verrez que les commentaires du généticien ne sont pas sans conséquences quant à la question du style. C'est que, avec Balzac, nous sommes *d'emblée* dans l'inachevable, dans l'interminable. En un sens, Balzac n'en finit pas d'écrire: il est "constamment en train d'élaborer son pauvre style dont il n'est pas encore satisfait" ("Historique du procès auquel a donné lieu *Le Lys dans la vallée*"). Il essaie de soigner son écriture. Il n'y réussit pas. Et c'est pourquoi nous l'apprécions.

Quelques repères pour mémoire. Les *Scènes de la vie privée* de 1830, première tentative d'un regroupement de textes, sont aussi la première assise de *La Comédie humaine*, avec les *Etudes de moeurs au XIXème siècle*, que Balzac commence en 1833. Le titre *La Comédie humaine* apparaît pour la première fois dans une lettre de janvier 1840. En avril 1841 un contrat est signé pour une publication des "oeuvres complètes": acte de baptême officiel et incontestable. Mais lorsque Balzac s'éteint en 1850, très peu est fait, l'essentiel est encore à faire, la cathédrale demeure inachevée.

Il faut distinguer chez Balzac entre deux temporalités différentes, l'une étant pour ainsi dire en concurrence avec l'autre: le temps de l'écrivain, pressé de terminer son texte, pour en commencer un autre aussitôt, car Balzac écrit sous le fouet de la dette, et il faut manger; le temps de l'architecte, le bâtisseur, l'homme des ensembles. Et vous comprenez que ce que veut l'un n'est pas forcément ce que

---

[4] *Correspondance avec Madame Strauss*, Paris, U.G.E., 1994, p. 110.
[5] Voir *Les travaux et les jours d'Honoré de Balzac. Chronologie de la création balzacienne*, Presses Universitaires de Vincennes, Presses du CNRS, Presses de l'Université de Montréal, 1992, p. 14 et suiv.

désire l'autre: "J'ai un diamant de cent cinquante-cinq carats", écrit Balzac au docteur Nacquart, "et j'en vends les parties. Quand tout sera publié, dans trois ou quatre ans, vous serez tout surpris de m'avoir parlé d'un grand ouvrage à faire quand vous l'avez entre les mains". Nous sommes alors en juillet 1834. Dix ans plus tard, la promesse n'est pas tenue, l'oeuvre annoncée semble toujours aussi chimérique: "Savez-vous qu'en littérature je ne puis écrire plus de 15 feuillets [...] par jour, et qu'il faut 15 heures et que chaque feuillet vaut 60 francs!... Or si je vous en écrivais 3 par jour, ce serait trois de moins sur ceux qu'attendent les imprimeurs" (mai 1843). Balzac envoie ces lignes à Mme Hanska en lui reprochant le temps qu'elle lui prend sur son oeuvre. Mais il y a là également une sorte de preuve que l'inachèvement est à vrai dire *essentiel* pour Balzac. C'est parce que tout n'a pas encore été écrit qu'il y a encore des choses à écrire. Le pire, ce serait sans doute de découvrir que la cathédrale s'achève, qu'il ne reste plus rien à dire. Ecoutons Stéphane Vachon qui résume fort bien la difficulté: "Il faut que l'amoncellement d'oeuvres et de titres devienne 'fatras', pour que le romancier, sommé de mettre de l'ordre, soumis à la nécessité d'organiser sa production, élabore sa collection" (p. 38). En d'autres termes, si le temps de l'écriture déborde sur la vie, tant pis, il faut en faire son affaire, car c'est de là que vient l'obligation d'écrire: "J'ai mis trois heures à écrire ces 3 pages, me comprendrez-vous?... Et moi qui voulais travailler! Décidément, ma passion est une grande dépense!" (à Mme Hanska, février 1844). Vous me faites perdre mon temps, madame. Mais c'est grâce à vous que mon oeuvre continue et qu'il me reste des choses à écrire. Le travail avant tout et merci de m'interrompre! On songe au Balzac de Rodin, l'athlète en robe de chambre, travailleur nocturne et "forçat de la plume". Mais à quoi bon travailler si durement si c'est pour ne rien obtenir?

En 1841, Balzac a quarante ans, c'est la crise, il menace de tout abandonner: "Je suis au bout de ma résignation. Je crois que je quitterai la France et que j'irai porter mes os au Brésil dans une entreprise folle et que je choisis à cause de sa folie. Je ne veux plus supporter l'existence que je mène. Assez de travaux inutiles. Je vais brûler toutes mes lettres, tous mes papiers, ne laisser que mes meubles" (à Mme Hanska, juillet 1841). C'est à ce moment que le contrat avec Furne est signé. Et l'on y repère tout de suite une étonnante et très intéressante ambiguïté qui, du point de vue de l'écrivain, arrange assez bien les choses: "oeuvre complète", "mes oeuvres complètes", "mon ouvrage"... le syntagme, remarque Stéphane Vachon, est long à fixer. C'est que le pluriel ("mes oeuvres") permet en fait à Balzac de donner la collection des oeuvres (leur "collecte", leur accumulation) à la place d'un réel ensemble organique et bien équilibré ("une oeuvre"). Voici mes oeuvres complètes et que je n'ai pas été capable de compléter. Je vous donne la masse, l'amas, et tant pis si, à l'intérieur, c'est plein de trous et de vides.

Vous connaissez la suite, cher Maarten. Lorsque les "oeuvres complètes" paraissent, Balzac s'en détourne. Comme si tout cela ne le concernait plus vraiment. Il est vrai qu'il a désormais d'autres chats à fouetter (M. Hanski est mort, Mme Hanska attend). L'écrivain a perdu le courage; quant à l'architecte, sa volonté s'émousse, et c'est maintenant le temps des remords: "Je me suis mis à considérer ce que j'avais encore à écrire pour donner à *La Comédie humaine* un sens raisonnable et ne pas laisser ce monument dans un état inexplicable" (17 juillet 1846). En décembre, Balzac prend ouvertement ses distances par rapport à l'oeuvre inachevée: "le grrrrrrrrand auteur de la grrrrrrrrrrrrrrande *Comédie humaine*". Comme s'il n'était pas lui-même l'auteur de ses livres. Comme si tout était devenu sujet à moquerie. C'est fini. Ou, plutôt, rien n'est fini, Balzac n'est pas réellement capable de finir son oeuvre, décidant d'interrompre ses activités, délaissant le monument, s'en désintéressant. Plus de cathédrale. Plus rien. L'oeuvre inachevée, définitivement inachevable, est devenue le tombeau de l'ouvrier.

Le premier à avoir attiré l'attention sur cet aspect en quelque sorte mélancolique et sans doute *funéraire* de l'entreprise balzacienne est Emile Zola, dans l'article qu'il a consacré à Balzac en 1882: "*La Comédie humaine* est comme une tour de Babel que la main de l'architecte n'a pas eu et n'aurait jamais eu le temps de terminer"[6]. Sans doute le spectre de l'écrivain rôde encore quelque part dans les décombres: "On croit le voir monter pesamment sur ses échafaudages, maçonnant ici une grande muraille nue et rugueuse, alignant plus loin des colonnades d'une majesté sereine" (p. 13). Mais ce n'est là qu'illusion. En réalité, les jeux sont faits, rien ne va plus: "A cette heure, l'édifice est là, découronné, profilant sur le ciel clair sa masse monstrueuse" (p. 12). Chose curieuse, pour Zola, c'est son devenir-ruine qui a en quelque sorte sauvé l'oeuvre balzacienne, *qui en a fait une oeuvre*, très précisément; c'est parce que Balzac n'a pas eu l'occasion de mener à bien son entreprise, parce qu'il s'est vu confronté à un énorme problème de *finalité* (terme que je reprends à Robert Martin), qu'il a pu nous laisser quelque chose, qu'il y a aujourd'hui un monument: "Qui sait quelle aurait pu être l'oeuvre de Balzac, s'il était né avec une fortune solide, dans une vie tranquille et réglée? On ne se l'imagine pas heureux. A coup sûr, il aurait moins produit. Ne se sentant plus traqué, il se serait peut-être mis à la recherche de la perfection, soignant ses livres, écrivant à ses heures. Nous y aurions gagné des oeuvres plus mûries, mieux équilibrées; mais ses oeuvres auraient eu forcément moins de flamme intérieure" ("Balzac", p. 51).

Il y a là quelque chose comme une entrée de Balzac dans la modernité. Quel bonheur, pour nous, qu'il n'ait pas eu l'occasion de soigner ses livres, que le temps lui ait manqué pour bien écrire. C'est inachevé, donc c'est beau. S'il l'avait terminé, ce n'aurait pas été aussi intéressant. *Work in progress*, en quelque sorte, sauf que le travail n'a pas vraiment été effectué et que c'est ce grand vide, désormais, qui fascine.

---

[6] *Les Romanciers naturalistes*, texte de l'édition E. Fasquelle, Paris, François Bernouard, 1928, p.11.

Il est vrai que ceci n'est pas le propos d'un stylisticien à la Spitzer ou à la Bally. Zola ne s'intéresse guère au détail du texte, se contentant d'en évoquer les grandes lignes. Mais il est frappant de constater que Proust, que l'on peut voir comme l'auteur de la première étude proprement stylistique sur Balzac (partant du point de vue paradoxal que le style balzacien n'existe pas, et qu'il est *à venir*), semble tout à fait prêt à rejoindre Zola quant à cette valorisation de l'inachevé dans l'oeuvre, de l'*inachevé-de-l'oeuvre*.

J'ai cité les pages sur Balzac dans le *Contre Sainte-Beuve*. Il faut rappeler également, dans une perspective plus généralisante, un fragment de *La Prisonnière* où Proust revient à Balzac, évoquant "ce caractère d'être --bien que merveilleusement-- toujours incomplètes, qui est le caractère de toutes les grandes oeuvres du XIXième siècle; du XIXième siècle dont les plus grands écrivains ont manqué leurs livres"[7]. On est sans doute très loin ici de l'esthétique finaliste et téléologique dont nous parle Robert Martin: le grand écrivain a ceci de particulier, chez Proust, qu'il a *raté* son livre, et c'est parce qu'il a échoué, qu'il est un si grand écrivain. Esthétique du ratage à laquelle Proust donne une dimension explicitement autoréflexive: le grand homme (qui est incapable de faire ce qu'il voulait faire) se regarde travailler; c'est essentiel; grâce aux vertus de l'"auto-contemplation", car l'artiste est à la fois "ouvrier" et "juge", l'oeuvre acquiert "une beauté nouvelle, extérieure et supérieure à l'oeuvre, lui imposant rétroactivement une unité, une grandeur qu'elle n'a pas". Même si le terme de "style" n'apparaît pas dans ce texte, il s'agit bien ici, à mon avis, d'un problème stylistique, au sens spécifiquement balzacien du terme. Le style n'est pas dans les détails. Ça n'existe pas, les détails. Pas encore. On est *avant* le partage entre détails et grandes lignes. Tout est encore à venir. Ce qui se prépare, chez Balzac, mais aussi, de manière plus générale, chez tous les "grands" du XIXième, c'est cette unité que l'oeuvre n'a pas au départ, et qu'elle acquiert rétroactivement, lorsque l'artiste revient à ce qu'il a fait, pour se rendre compte qu'il l'a mal fait, mais aussi que tout est finalement très bien, et que le ratage peut être une forme de réussite: "Wagner, retirant de ses tiroirs un morceau délicieux pour le faire entrer comme thème rétrospectivement nécessaire dans une oeuvre à laquelle il ne songeait pas au moment où il l'avait composé, puis ayant composé un premier opéra mythologique, puis un second, et s'apercevant tout à coup qu'il venait de faire une Tétralogie, dut éprouver un peu de la même ivresse que Balzac quand celui-ci, jetant sur ses ouvrages le regard à la fois d'un étranger et d'un père, trouvant à celui-ci la pureté de Raphaël, à cet autre la simplicité de l'évangile, s'avisa brusquement en projetant sur eux une illumination rétrospective qu'ils seraient plus beaux réunis en un cycle où les mêmes personnages reviendraient et ajouta à son oeuvre, en ce raccord, un dernier coup de pinceau, le dernier et le plus sublime" (p. 667). Wagner et Balzac, *même combat*! Ratez vos oeuvres mais ratez-les avec

---

[7] *A la recherche du temps perdu*, éd. J.-Y. Tadié, Pléiade, t. III, p. 666.

art, on ne vous demande pas autre chose! Cher Maarten, j'exagère un peu, il est vrai. Mais ne faut-il pas parfois sacrifier à l'hyperbole pour bien voir comment les choses fonctionnent?

Je dois vous avouer que je n'ai pas beaucoup relu Balzac dernièrement. Je l'ai beaucoup lu autrefois et vous savez qu'on souffre parfois dans notre métier (après tout, nous sommes des lecteurs professionnels) d'un phénomène de sursaturation: trop de Balzac, trop de Flaubert, trop de Zola, et on a envie de faire autre chose... Je crois qu'il ne faut pas résister à ces envies: elles sont aussi un peu notre chance, ce qui nous permet, malgré tout, de continuer. Je me suis un peu lassé de Balzac, il est vrai. Il existe pourtant un texte de lui que je relis toujours avec plaisir et que j'ai, pour l'occasion, parce que j'ai envie d'en reparler un peu ici, ouvert devant moi sur ma table de travail. Je dis "texte" bien qu'il ne s'agisse pas vraiment d'un texte. Je ne sais même pas si le "texte" en question est réellement lisible. Vous le trouvez dans le tome XII de la récente édition de la Pléiade de *La Comédie humaine*, dans la section intitulée "Ebauches rattachées à *La Comédie humaine*". Ce terme d'"ébauche" est à vrai dire un choix d'éditeur. Je me demande si on le trouve réellement en ce sens sous la plume de Balzac. Il est parfois question d'"ébauches" chez Balzac, dans un contexte pictural, le plus souvent, mais très peu, me semble-t-il, quand il s'agit du travail de l'écrivain. Le terme n'est peut-être pas tout à fait approprié à ce qu'il est appelé à désigner. "Ebauche" est connoté téléologiquement. L'ébauche se définit, en principe, en fonction de l'oeuvre qu'elle est venue préparer (cf. les "esquisses" chez Proust, qui renvoient aux textes publiés, qui sont, du reste, eux-mêmes extrêmement instables, mais c'est encore une autre histoire[8]). En ce qui concerne les "ébauches" balzaciennes, nous ne sommes pas ici dans une logique de l'"avant-texte", pour la simple raison qu'il n'y a pas de vrai "texte". Ici, rien ne commence ou, plutôt, ce qui commence est aussitôt retiré, condamné, effacé. C'est à la fois la vie et la mort du texte.

Ces petits fragments d'histoire interrompue nous révèlent assez bien au demeurant comment Balzac travaille. Très peu de préparation. Tout est là tout de suite. Une "écriture à processus", comme disent les généticiens. Une date, un nom suffisent à déclencher quelque chose. Une histoire commence. On a envie de connaître la suite. Mais l'histoire s'interrompt alors même qu'elle commence. Ça rate, ça foire, et Proust nous apprend que ce sont là les endroits intéressants d'une oeuvre. Parfois, il existe plusieurs versions d'un même début. On peut alors faire des conjectures quant aux raisons qui ont incité Balzac à abandonner son projet. Parfois on a l'impression que ces raisons sont lisibles dans l'ébauche même: l'histoire qui commence ne tient pas debout, il n'y a pas assez de "matière" dans la donnée retenue. Parfois il faut faire appel à des causes externes. Balzac se

---

[8] Voir à ce sujet le récent ouvrage de M. Charles, *Introduction à l'étude des textes*, Paris, Seuil, 1995, p. 107 et suiv.

détourne d'un projet car il en a conçu un autre qu'il trouve plus excitant etc., etc.[9]

Quant au fragment que j'aimerais regarder d'un peu plus près ici, on comprend fort mal, à vrai dire, pourquoi Balzac n'a pas su ou voulu en faire quelque chose. Le sujet est éminemment balzacien, si l'on entend par ce terme l'envie d'une certaine "grandeur". Quant à l'écrivain, il s'était, semble-t-il, excellemment documenté. Balzac savait ce qu'il voulait. Il y a donc ici une très forte "finalité" (il faut sans cesse revenir à ce terme), à la fois au sens narratologique (*voilà ce que je veux raconter*) et stylistique (*voilà comment je le dirai*). Et pourtant rien n'a été réalisé. Tout n'aura été qu'une mesure pour rien.

Balzac a beaucoup parlé de ce projet. Il en est question, entre autres, dans l'album *Pensées, sujets fragments*. Je cite Roland Chollet citant cet écrit intime de Balzac dans son "introduction" à *La Bataille*:

> Faire un roman nommé *La Bataille*, où l'on entende à la première page gronder le canon et à la dernière le cri de la victoire, et pendant la lecture duquel le lecteur croie assister à une véritable bataille comme s'il la voyait du haut d'une montagne, avec tous ses accessoires, uniformes, blessés, détails.[10]

Il est vrai qu'on a beaucoup discuté de la question de savoir si *La Bataille* est oui ou non un "bon" sujet balzacien. On sait que Balzac enviait la réussite de Stendhal dans sa fameuse bataille de *La Chartreuse de Parme*. Sans doute savait-il qu'il n'était pas réellement capable de faire la même chose. Balzac n'a jamais été un auteur de romans historiques, même si cela a été un moment son ambition. Je suis malgré tout convaincu qu'il *aurait pu faire quelque chose* avec ce projet, s'il avait persévéré, s'il l'avait voulu, s'il était allé jusqu'au bout de sa démarche. Sinon aurait-il été capable d'imaginer si *précisément* ce qu'il voulait faire? Car on a l'impression que le texte est déjà prêt dans sa tête avant même qu'il ne le couche sur le papier:

> Là, j'entreprends de vous initier à toutes les horreurs, à toutes les beautés d'un champ de bataille, ma bataille, c'est Essling, Essling avec toutes ses conséquences. Il faut que dans son fauteuil, un homme froid voie la campagne, les accidents de terrain, les masses d'hommes, les événements stratégiques, le Danube, les ponts, admire les détails et l'ensemble de cette lutte, entende l'artillerie, s'intéresse à ces mouvements d'échiquier, voie tout, sente, dans chaque articulation de ce grand corps, Napoléon, que je ne montrerai pas ou que je laisserai voir le soir traversant dans une barque le Danube -- Pas une tête de femme, des canons, des chevaux, deux armées, des uniformes; à la première page le canon gronde, il se tait à la dernière, vous lirez à travers la fumée, et le livre fermé, vous

---

[9] Je me permets de renvoyer à "Avortements (sur les "Ebauches rattachées à *la Comédie humaine*)" à paraître dans S. Vachon (éd.), *Balzac et* sa *poétique du roman*, Presses de l'Université de Montréal, 1996.

[10] *La Comédie humaine*, éd. P.-G. Castex, Pléiade, XIII, p. 650.

devez avoir tout vu intuitivement et vous rappeler la bataille comme si vous aviez assisté.[11]

Ces lignes apparaissent dans une lettre à Mme Hanska de janvier 1833. Je suis surtout frappé par l'espèce de mimétisme qu'on peut y observer: le Napoléon de la guerre est face au Napoléon de la littérature; l'un s'efface au profit de l'autre: "Napoléon, que je ne montrerai pas". Il s'agit aussi d'une *bataille de la phrase*, du corps-à-corps de l'écrivain avec le texte qu'il entreprend d'écrire. Mais pourquoi ne l'a-t-il donc pas écrit? Voici ce qui nous reste de *La Bataille* dans la transcription de Roland Chollet:

LA BATAILLE
Chapitre premier
Gross-Aspern
Le 16 mai 1809, vers le milieu de la journée [...][12]

Etes-vous déçu, cher Maarten? Ceci est-il un échec, comme l'admettent couramment les balzaciens? Je n'en suis pas si sûr. Quand on dit que Balzac a "raté" sa *Bataille*, on s'enferme dans une logique que je trouve pour ma part assez simpliste, où l'on part du principe que c'est l'auteur qui écrit le texte afin que le lecteur puisse le lire. Les choses ne sont pas toujours aussi simples, ma foi! Car on peut aussi risquer l'hypothèse que Balzac s'est rendu compte, chemin faisant, que la meilleure manière de réussir *La Bataille* était finalement *de ne pas l'écrire*, laissant au lecteur le soin de la *rêver.* Vous vous étonnez. Mais il n'y a là rien de vraiment étonnant. Rappelez-vous que Balzac a toujours été très attentif aux facultés créatrices de ses lecteurs. Lucien Dällenbach a pu montrer, à propos d'une scène de lecture dans *La Muse du département,* que ce texte est en fait un traité de la *Leerstelle* avant la lettre. Ce que le texte ne dit pas, c'est au lecteur de le dire; les "blancs" dans l'histoire sont autant de points de repères qui vous aident à mieux lire le livre, et qui vous donnent *envie* de le lire[13]. Rien ne nous empêche de faire le même type de lecture ici. *La Bataille* est peut-être le plus *scriptible* des récits balzaciens, texte infiniment à écrire, infiniment à finir, par le lecteur, sur la page blanche que lui a laissée l'auteur.

Vous avez compris où je veux en venir. Je ne suis pas loin de croire que *La Bataille* est le texte le plus "réussi", au sens stylistique, de *La Comédie humaine*. Voici ce que Balzac a écrit de mieux. Parce qu'il n'en a écrit que très peu. Un titre, un sous-titre et une première phrase interrompue. Juste ce qu'il faut. Pour nous tenir en haleine. Pour nous donner envie de continuer à sa place. Le style est "à venir", comme le voulait Proust. Et l'on peut faire toutes les conjectures. Etes-

---

[11] Ibid.
[12] Ibid., p. 652.
[13] "Le Tout en morceaux", *Poétique*, 42, 1980.

vous déçu, cher Maarten? J'espère que vous ne l'êtes pas trop tout de même.
Parfois il faut savoir se contenter de peu dans la vie. Dans l'infime, il y a l'infini.

Très cordialement à vous,

Franc Schuerewegen

Katholieke Universiteit Nijmegen

Du style et de la science litteraire empirique

Vers une stylistique de la metaphore en prose litteraire

Gerard Steen

1. INTRODUCTION

Cet article est basé sur une méthode empirique de la littérature, qui est relativement inconnue en France. Les théoriciens de cette branche de la critique littéraire viennent des Etats-Unis et du Canada, ainsi que de quelques pays européens non francophones, de l'Allemagne et des Pays-Bas en particulier. Au lieu de me poser la question de savoir pourquoi cette approche a si peu d'adhérents parmi les chercheurs français, je préfère donner une démonstration pratique de l'utilité de cette approche. Ainsi, je parviendrai peut-être à intéresser les théoriciens francophones à l'aspect empirique de leur discipline, ce qui serait toujours cela de gagné: la grande qualité des analyses structuralistes de textes littéraires, par exemple, est un excellent point de départ pour une étude empirique de leur portée et de leur adéquation. Or, il me semble que seul le manque relatif de familiarité avec l'approche empirique empêche le développement de ce type de recherches. C'est pourquoi cet article se veut surtout une invitation à une telle approche, une apologie d'un type de recherches qui est considéré à tort comme étant étrangère aux sciences humaines.

L'opposition entre les sciences empiriques et les sciences humaines date du début de ce siècle. Ce fut en particulier Dilthey qui introduisit la différence entre les sciences dites empiriques et les sciences dites herméneutiques: les sciences humaines seraient censées se restreindre à la compréhension, et non à l'explication des phénomènes, comme cela se fait, par exemple, dans les sciences physiques. Récemment, en Allemagne, nous retrouvons cette même opposition dans la discussion littéraire sur les paradigmes empirique et herméneutique (voir Ibsch et Schram 1987). Par là, une distinction s'est établie provisoirement entre l'approche empirique et l'approche herméneutique de la littérature. Celle-là s'intéresse surtout à l'étude de la compréhension et de l'expression écrites, tandis que celle-ci est surtout occupée à attribuer une signification aux textes, éventuellement par l'intermédiaire de l'instance du lecteur. Cette division des tâches, résultat d'une évolution historique, a donné naissance à l'idée que la méthode empirique serait impropre à l'analyse de texte (voir Van Buuren 1988). Rien n'est moins vrai. En effet, le critère des recherches empiriques est la testabilité des jugements littéraires. Il suffit de prendre en considération la linguistique (de texte) et la stylistique, pour savoir qu'il est très possible de porter des jugements vérifiables sur les textes et leurs caractéristiques. Un deuxième objectif de cet article est donc de mettre en question et de corriger quelque peu la pratique actuelle de la littérature empirique, pour que, de son côté, cette manière d'approcher la littérature ait plus souvent des textes pour objectif de ses recherches.

Pour ce faire, je me propose de présenter tout d'abord une étude-pilote de la métaphore littéraire basée sur un corpus de textes. Dans mes travaux antérieurs, j'ai commencé à élaborer un modèle de caractéristiques des métaphores en me basant sur une étude de jugements d'informateurs (Steen 1994). On peut résumer comme suit les conclusions de ces recherches. Comparées aux métaphores journalistiques, les métaphores littéraires sont généralement jugées comme plus difficiles, évaluées plus positivement, et jugées comme ayant un caractère moins courtois. En outre, ces caractéristiques de la métaphore semblent avoir un effet prévisible sur le comportement du lecteur, qui prête plus d'attention aux métaphores difficiles qu'aux métaphores faciles. Mais lorsque les métaphores ont un même degré de difficulté, les métaphores dans un texte littéraire attirent plus l'attention du lecteur que dans un texte journalistique. Au cours de la réception littéraire, on lit plus attentivement les métaphores évaluées positivement. Dans la réception d'un texte journalistique, la situation est exactement opposée: en effet, dans ce type de textes, les métaphores considérées comme étant moins positives, reçoivent le plus d'attention (probablement parce qu'elles ne sont pas fonctionnelles pour le type de textes en question). Pour le présent article, il est important de savoir que, dans Steen (1994), j'ai suggéré, entre autres, de compléter les jugements d'informateurs avec des caractéristiques métaphoriques établies par voie analytique afin de faire également une description des particularités linguisti-ques de la métaphore littéraire. Le troisième objectif de cet article est de réaliser ce projet esquissé, et de faire l'analyse que j'ai laissée de côté dans mes recherches antérieures. Ainsi, je combinerai ci-dessous une étude empirique de la fonction de la métaphore dans les textes littéraires avec une étude analytique et linguistique. La question qui se pose, est en fait celle du style de la métaphore littéraire, ce qui nous situe en pleine stylistique.

2. STYLE ET STYLISTIQUE

2.1. Le style

En littérature, le style est une manière d'écrire: il s'agit d'un phénomène basé sur la sélection et la combinaison de procédés linguistiques. La sélection est généralement associée au choix des mots, et la combinaison à l'application des règles grammaticales. Au niveau des propositions, on peut aussi étudier la sélection des syntagmes et leur combinaison, ainsi que, au niveau des phrases, la sélection de propositions et leur combinaison. Tous ces niveaux d'expression linguistique sont soumis à des règles grammaticales. Ceci par opposition au niveau suivant, la sélection des phrases et leur combinaison en séquences de phrases au niveau des textes, opération pour laquelle il n'y a pas de réglementation grammaticale.

D'un point de vue conceptuel, le style constitue l'aspect formel de la signification linguistique qui comporte trois dimensions: l'expression, la référence et la signifiance. La signification grammaticale et lexicale des mots, des syntagmes et des phrases relève de l'expression. La référence a trait aux entités et situations auxquelles réfèrent les expressions, tandis que l'intention supposée du locuteur d'utiliser dans un contexte donné, une expression bien précise et ayant une référence bien déterminée, se manifeste dans la signifiance. Le style se rapporte donc à chacun de ces trois aspects de la signification. Lorsqu'on parle d'un style condensé ou élagué, on se place au niveau de l'expression; lorsqu'on dit qu'un style est implicite ou explicite, c'est de la référence qu'on parle; un style peut être formel ou informel, et alors, il s'agit de la signifiance.

Chacune de ces caractéristiques peut également être appliquée à la métaphore: une métaphore peut être exprimée à l'intérieur d'un syntagme, mais également au niveau textuel: elle est alors respectivement condensée et élaguée; une métaphore peut exprimer ou non le sujet littéral, et, alors, elle est explicite ou implicite; et, enfin, une métaphore peut impliquer une comparaison sur le mode vulgaire ou, au contraire noble, ce qui fait qu'on la considère comme informelle ou formelle.

D'un point de vue fonctionnel, le style est étroitement lié au type de texte (Verhoeven 1991). Pour les sciences littéraires, le type auquel appartient un texte n'est pas fixe: souvent le stylisticien s'intéresse au style d'une oeuvre ou de l'ensemble de l'oeuvre d'un auteur, mais les recherches stylistiques peuvent aussi avoir pour objectif les caractéristiques de courants ou de périodes littéraires. Le style est alors considéré comme l'expression plus ou moins appropriée d'un thème (l'oeuvre), d'une personnalité (l'ensemble de l'oeuvre d'un auteur), d'une conception littéraire (courant), ou d'une période. L'analyse de la fonction du style présuppose naturellement que la description de l'oeuvre (dans le double sens du mot), du courant ou de la période, sont faites indépendamment. Pour une approche empirique de la stylistique, cette description indépendante d'un facteur non-stylistique est absolument nécessaire. Dans l'étude-pilote qui va suivre, je me suis efforcé de me conformer à cette condition.

Dans Steen (1994), nous avons défendu que les notions de subjectivité, de polyvalence, de fictionnalité et de sémantisation de la forme, permettent de distin-guer les textes littéraires des textes non-littéraires. La question se pose maintenant de savoir si, pour définir le style métaphorique, les mêmes caractéristiques sont pertinentes. Si tel est le cas, on pourra, en se basant sur leurs caractéristiques stylistiques, faire une description contrastive des métaphores littéraires et des métaphores non-littéraires. En plus, on pourra chercher à établir une relation entre ces caractéristiques stylistiques et les caractéristiques de la métaphore littéraire que mes recherches antérieures ont déjà révélées (voir ci-dessus): la relative difficulté que les métaphores présentent à la lecture, leur valeur positive, leur manque de politesse. Cet article prospectif n'a pas pour objectif de donner une réponse aux questions posées: il s'agit avant tout de préciser la problématique de la recherche et d'élaborer une méthode. Passons maintenant à l'examen de l'instrument qui doit me permettre d'analyser la stylistique de la métaphore.

2.2 La stylistique

La stylistique est une analyse fonctionnelle des caractéristiques linguistiques et contextuelles d'un type de texte donné. Je me baserai sur l'étude bien connue de Leech et Short, *Style in fiction* (1981), qui contient un aperçu du genre de questions que l'on peut se poser à propos de ces caractéristiques. Au troisième chapitre de cet ouvrage, le stylisticien trouve une liste de contrôle (d'inspiration didactique) dont il peut faire usage pour analyser les caractéristiques linguistiques d'un style particulier (Leech et Short 1981: 74-82). Cette liste est basée sur les distinctions traditionnelles de la linguistique descriptive à orientation fonctionnelle et ses disciplines annexes comme la rhétorique. Il s'agit ici d'un instrument d'analyse qui, par sa précision et sa fiabilité, peut être utilisé pour la description de la langue.

La liste est constituée de quatre types de caractéristiques linguistiques, dénommées comme suit par Leech et Short: catégories lexicales, catégories grammaticales, figures de style, finalement, contexte et cohésion. Etant donné l'état actuel des recherches, je ne suis pas entièrement d'accord avec cette terminologie. C'est pourquoi je propose de remplacer 'figures de style par 'catégories rhétoriques' et l'ensemble de 'contexte et cohésion' par 'catégories textuelles'. Cette modification permet de souligner le rapport qui existe entre les différentes catégories: les catégories lexicales, grammaticales et textuelles représentent les trois niveaux de l'organisation linguistique de texte. Les catégories rhétoriques sont susceptibles de se rapporter à chacun de ces trois niveaux, comme formes de surorganisation (le parallélisme) ou de sousorganisation (la déviation). En tenant compte de cette liste modifiée, je présenterai maintenant les quatre types.

Toutes les observations sur les parties du discours relèvent de la catégorie lexicale: les distinctions utilisées par Leech et Short concernent les parties du discours suivantes: substantif, adjectif, verbe, adverbe. Pour ce qui est des substantifs, on peut se demander, par exemple, s'ils sont abstraits ou concrets, et si les noms propres et les noms communs jouent un rôle prépondérant dans le style.

Toutes les caractéristiques stylistiques se rapportant à la construction de la phrase, entrent dans la rubrique des catégories grammaticales. Procédant de 'haut en bas', Leech et Short distinguent les catégories suivantes de structuration grammaticale: types de phrases, complexité phrastique, types de propositions, structure propositionnelle, syntagmes nominaux, verbaux et autres types de syntagmes. La différence bien connue entre les constructions actives et passives, relève ainsi de la structure propositionnelle, tandis que la question de l'opposition entre la détermination prénominale et la détermination postnominale relève des syntagmes nominaux.

Les catégories textuelles remplacent les deux notions 'cohésion' et 'contexte' de Leech et Short. La cohésion est surtout utilisée pour désigner des phénomènes exemplairement décrits dans l'étude classique de Halliday et Hasan (1975): la co-référence, la conjonction, la substitution, et l'ellipse. Le terme de contexte est relié aux éléments déictiques et à la perspective fonctionnelle de la phrase.

Quant aux catégories rhétoriques, il n'y en a que deux: les schémas et les tropes. La première catégorie rassemble les schémas grammaticaux (le chiasme par exemple) et lexicaux (comme la répétition) et les schémas phonologiques (la rime etc.). La deuxième catégorie contient toutes sortes de déviations du code linguistique (comme, par exemple, les néologismes), et les figures de style qui s'y rapportent (telles que les métaphores).

L'aperçu de Leech et Short présente la métaphore comme l'exemple d'une catégorie rhétorique. Dans mon analyse, par contre, je veux faire fonctionner la liste de contrôle d'une manière récursive, et décrire moi-même le style linguistiquement variable des métaphores en me servant de toutes les catégories distinguées ci-dessus. Ainsi, il y a la différence bien connue entre les métaphores basées sur une concrétisation, illustrée dans la phrase *het leven is een penseelveeg* ("la vie est un coup de pinceau") et les métaphores basées sur une abstraction, comme *prehistorische grottekeningen zijn een onverwachte nalatenschap* ("les dessins préhistoriques sont un héritage inattendu"); nous avons affaire ici à un aspect du style métaphorique que Leech et Short rangeraient dans la catégorie lexicale. Les catégories textuelles sont également importantes, car les métaphores peuvent être soit simples, soit développées dans un fragment de texte plus long. Et, finalement, les catégories rhétoriques de schémas et de tropes sont également importantes, comme le montre à l'envie la distinction entre métaphores et comparaisons. Les écrivains peuvent élaborer un style métaphorique particulier en choisissant une orientation dans chacune de ces quatre catégories.

Dans cet article la question est de savoir si l'on peut reconnaître un tel style dans la prose littéraire, d'une part, et dans la prose journalistique de l'autre. Dans ce qui suit, je veux présenter les premiers résultats de mon étude-pilote. Pour des raisons pratiques, je m'en tiendrai à une présentation des conclusions concernant deux aspects moins bien connus de la métaphorologie, à savoir la relation entre la métaphore et le texte, et entre la métaphore et la grammaire. Je laisserai donc de côté les considérations d'ordre lexical et rhétorique. Le corpus (décrit dans Steen 1994, chap. 8)[1] qui a servi à mon analyse, comporte 79 métaphores littéraires et 81 métaphores journalistiques provenant de textes narratifs en prose.

3. MÉTAPHORE ET TEXTE

En ce qui concerne les caractéristiques stylistiques de la métaphore sur le plan des catégories textuelles, je me suis posé les questions suivantes:

1. A quel niveau linguistique se trouve la tension entre le foyer et le sujet de la métaphore? Je considère comme foyer métaphorique le mot le plus

---

[1] Comme, après coup, j'ai des doutes sur leur statut métaphorique, j'ai laissé de côté quatre des expressions qui faisaient partie du corpus d'origine, décrit dans Steen (1994).

important d'une expression au sens figuré, et comme sujet métaphorique le référent dans l'univers textuel auquel se rapporte le foyer.

2. Combien de foyers métaphoriques contiennent une information supplémentaire à l'intérieur du même syntagme? Font partie de cette catégorie tous les mots à contenu non identifiés comme foyers métaphoriques se trouvant à l'intérieur d'un syntagme où se localise le foyer métaphorique.

3. Quelle est la nature de cette information supplémentaire trouvée à la question 2? Cette question permet de déterminer si, au sens figuré, ces mots font partie du foyer ou bien si, au sens propre, ils appartiennent au sujet de la métaphore.

Pour répondre à la première question, nous avons distingué quatre niveaux. Ainsi la tension entre foyer métaphorique et sujet de métaphore peut se situer:

1. à l'intérieur de syntagmes;
2. entre syntagmes;
3. entre propositions;
4. entre phrases.

Le premier niveau est illustré par (1). Dans cet exemple, comme dans les autres, j'ai pris soin de souligner à chaque fois le foyer métaphorique.

(1)   [De Adviseur van de Raad] heeft [een *vernietigend* advies] uitgebracht [over dit plan].
        '[Un des membres du Conseil] a prononcé [un jugement *destructeur*] [à propos de ce projet].'

Dans cet exemple il s'agit d'une tension entre le foyer métaphorique *vernietigend* ('destructeur') et le sujet métaphorique *advies* ('jugement') à l'intérieur du syntagme *een vernietigend advies* ('un jugement *destructeur*'). Le deuxième niveau est illustré par:

(2)   [De truck] [*kroop*] [met een vaart van niets] [naar boven].
        '[Le camion] [*rampait*] [comme un escargot] [vers le sommet]'

Il s'agit ici d'une tension entre les syntagmes *kroop* ('rampait), qui est le foyer métaphorique, et *de truck* ('le camion'), qui est sujet métaphorique. Pour comprendre l'exemple (3) du troisième niveau, il faut savoir qu'il s'agit d'un chien:

(3)   [Zij bevelen het beest geërgerd om 'af' te gaan] [en wanneer *de slavenziel*
        onmiddellijk gehoorzaamt], [roepen ze pesterig op flemerige toon dat ze
        niet boos zijn].
        '[Irrités, ils disent d'un ton impérieux à l'animal: "bas les pattes"] [et à
        l'obéissance immédiate de cette *âme d'esclave*], [ils crient d'un ton à la
        fois cajoleur et câlin qu'ils ne sont pas du tout en colère]'

Dans cet exemple il s'agit d'une tension entre le foyer *de slavenziel* ('l'âme
d'esclave') dans la deuxième proposition, et le sujet métaphorique *het beest* ('l'ani-
mal') dans la première.
        Le dernier niveau est illustré par l'exemple suivant, où il s'agit d'un portier
de nuit dans un hôtel qui conduit quelqu'un à un endroit indéterminé:

(4)   [Zodra *mijn gids* de deur open had geduwd was de man binnen van zijn
        brits opgesprongen.]
        '[Dès que *mon guide* eut poussé la porte, l'homme qui se trouvait à
        l'intérieur de la pièce sauta au bas de son lit de camp.]'

Ici il s'agit d'une tension entre le foyer métaphorique *mijn gids* ('mon guide') dans
la phrase et le sujet métaphorique *nachtportier* ('le portier de nuit') mentionné
dans le contexte.
        Les résultats de l'analyse montrent clairement une préférence pour
l'expression de métaphores au second niveau, c'est-à-dire entre syntagmes; 65%
des métaphores relèvent de ce niveau. Vient tout de suite après, le choix pour leur
expression au premier niveau, c'est-à-dire à l'intérieur de syntagmes: 24% des
métaphores relèvent de ce niveau. Finalement, 10% des métaphores seulement,
entrent dans les deux catégories 3 et 4 (entre les propositions et entre les phrases)
prises ensemble. On peut donc tirer la conclusion que les métaphores semblent être
un phénomène grammatical beaucoup plus qu'un phénomène textuel. On peut dire
qu'il y a une hiérarchie en ce qui concerne le niveau de l'expression métaphorique.

Quant à la deuxième question, j'ai fait une distinction entre deux catégories: les
expressions métaphoriques où il n'y a pas d'information supplémentaire à
l'intérieur du syntagme, et celles où on en trouve. Tous les exemples précédents
(1 - 4) font partie de la première catégorie, car, dans ces exemples, le foyer
métaphorique est le seul mot lexical dans le syntagme. Au premier abord, cette
observation ne semble pas valoir pour l'exemple (1) , mais, quand on y regarde
de plus près, on peut constater que l'ensemble de la métaphore, le foyer
métaphorique aussi bien que le sujet, se situent à l'intérieur du syntagme. A cela
s'ajoute que l'expression *vernietigend* ('destructeur') en tant que foyer
métaphorique n'est pas modifiée ultérieurement. D'un point de vue technique, il
s'agit ici d'un foyer métaphorique indépendant dans un syntagme emboîté *à
l'intérieur* d'un syntagme (*un jugement destructeur*), et dans lequel il n'est pas
question d'information supplémentaire.

Voici un exemple de l'autre catégorie, celle où se trouve une information supplémentaire dans le syntagme du foyer métaphorique:

(5)   Khieu Sampan, de delegatieleider van de Rode Khmer, is een toonbeeld van beschaving.
        'Khieu Sampan, le chef de délégation du Khmer Rouge, est un modèle de civilité'

Dans cet exemple *een toonbeeld* ('un modèle') est le foyer métaphorique par rapport au sujet métaphorique *Kieu Sampan*, mais ce foyer métaphorique est modifié ultérieurement à l'intérieur du même syntagme nominal par l'information *van beschaving* ('de civilité.')

L'analyse permet de constater qu'environ un quart des métaphores du corpus (27% contre 73%) contient une information supplémentaire. On peut donc tirer la conclusion que, de toute évidence, il y a une préférence pour des métaphores assez 'pures': les syntagmes métaphoriques sont plutôt simples et non complexes, sauf au niveau 1, où ils sont l'expression de toute la métaphore. Ainsi, dans une certaine mesure, on pourrait expliquer par la pratique, c'est-à-dire par la manière dont la métaphore est utilisée dans les textes, pourquoi les théoriciens s'intéressent en général aux métaphores simples.

La troisième question portant sur la relation texte - métaphore concerne la nature de l'éventuelle information supplémentaire. Ici, j'ai fait une distinction entre trois catégories. La première se rapporte aux cas où l'information supplémentaire est au sens figuré: cette catégorie est une élaboration ou un support du foyer métaphorique. En voici un exemple:

(6)   Het Midden-Oosten is als *een* verwend *kind*, dat steeds de aandacht naar zich toetrekt, ...
        'Le Moyen Orient se comporte comme *un enfant* gâté qui ne cesse d'attirer l'attention, ...

Dans cet exemple, *Het Midden-Oosten* ('le Moyen Orient') et *een kind* ('un enfant') sont respectivement le sujet et le foyer métaphoriques; mais dans le foyer métaphorique, l'adjectif *verwend* ('gâté') constitue une information supplémentaire, susceptible d'être interprétée de la même manière que le foyer métaphorique. Dans la proposition qui suit, l'expression *dat steeds de aandacht naar zich toetrekt* ('qui ne cesse d'attirer l'attention'), constitue aussi une information supplémentaire au sens figuré.

La deuxième catégorie se rapporte au cas où l'information supplémentaire est au sens propre et appartient au domaine référentiel du sujet métaphorique. Pour un exemple de cette catégorie, revenons à l'exemple (5): *beschaving* ('civilité') est utilisé au sens propre et abstrait, et appartient au domaine référentiel littéral, dominant du texte, et non pas au domaine figuré de *toonbeeld* ('modèle').

La troisième catégorie comprend tous les cas où l'information supplémentaire est ambivalente, et peut avoir un sens propre aussi bien que figuré. Prenons (7) comme exemple:

(7)   Het was een door soberheid gekenmerkte herdenking waaraan [sic] koningin Beatrix en prins Willem-Alexander gisterochtend op de geallieerde erebegraafplaats in Hodogaya *het centrale punt* vormden.
'C'était une commémoration marquée par la sobriété dont la reine Béatrice et le prince Guillaume-Alexandre étaient le point central, hier matin, à Hodogaya, au cimetière militaire.'

D'un point de vue grammatical, le foyer métaphorique est ici *punt* ('point') dans le cadre référentiel littéral, Béatrice et Alexandre étant considérés comme des personnes qui, ensemble, constituent une unité; mais la métaphore est basée sur l'information supplémentaire *centraal* ('central'), qui a un sens propre aussi bien que figuré. En effet, les deux personnes se trouvaient littéralement au centre du groupe dont elles faisaient partie, et le point qu'elles formaient constituait, en outre, le centre de l'espace métaphorique supposé.

Occupons-nous maintenant de la répartition de l'information supplémentaire sur ces trois catégories: il paraît que 13 foyers métaphoriques (soit 30%) contiennent un supplément d'information au sens figuré, 18 foyers métaphoriques (soit 42%) ont un supplément d'information au sens propre, et 12 foyers métaphoriques (soit 28%) contiennent une information ambivalente entre le sens figuré et le sens propre. Un test statistique confirme qu'aucune des deux tendances n'est domi-nante[2]. Au niveau du syntagme, les foyers métaphoriques sont aussi fréquemment complétés par l'information supplémentaire de chacun des trois types (sens propre, sens figuré et sens ambivalent). Etant donné le nombre réduit de cas considérés, il est impossible de tirer quelque conclusion que ce soit, ni à partir de ces chiffres, ni, surtout, à partir de leurs divergences.

Prenons maintenant en considération la relation entre style métaphorique et type de texte. A ce sujet, on peut faire d'avance quelques suppositions que j'analyserai à l'aide des données de mon corpus. En ce qui concerne le niveau textuel, par exemple, on pourrait s'attendre à ce que les métaphores dépassant les limites des phrases, se trouvent plutôt dans des textes littéraires que dans des textes journalistiques. En effet, un tel développement au-delà de la phrase s'accompagne d'une plus grande indétermination sur le plan référentiel, ce qui est moins acceptable dans un texte journalistique. La thèse généralement admise selon laquelle la littérature aurait une prédilection pour la métaphore s'explique dans cette perspective. En effet, les métaphores peuvent enjamber les limites mêmes des phrases pour devenir ainsi un phénomène plutôt textuel que grammatical.

---

[2] X2 (2) = 1,44 , p = 0,49.

Quant à l'information supplémentaire, c'est une question de complexité formelle et sémantique. Ici encore, on s'attendrait à trouver cette information dans les métaphores littéraires plutôt que dans les métaphores journalistiques. A cela s'ajoute que, pour des raisons identiques à celles que je viens d'exposer plus haut, les foyers métaphoriques littéraires peuvent contenir plus souvent une information supplémentaire métaphorique ou ambivalente. Ces suppositions peuvent quelque peu orienter la discussion des résultats, qui va suivre maintenant.

Pour ce qui est du niveau d'expression de la métaphore, existe-t-il une différence entre textes en prose littéraire et textes en prose journalistique? Pour répondre à cette question, étudions la répartition des métaphores littéraires et journalistiques sur les quatre niveaux distingués plus haut. Le Tableau 1 en reproduit les pourcentages:

Tableau 1
Pourcentages des métaphores littéraires et journalistiques sur des niveaux d'expression (N=160)

métaphores	littéraires	journalistiques
à l'intérieur de syntagmes	11	13
entre syntagmes	34	31
entre propositions	1	1
entre phrases	3	6

Un test statistique montre qu'il n'y a pas de différence significative entre le type de texte et la répartition des métaphores sur les niveaux d'expression[3]. En d'autres termes, les métaphores en prose littéraire n'ont pas d'autre style textuel que les métaphores en prose journalistique.

La répartition des métaphores littéraires et journalistiques sur les catégories avec et sans information supplémentaire se trouve dans le Tableau 2:

---

[3] Pour l'application du test de $X2$ il faut que les cellules contiennent plus de 5 éléments. C'est pourquoi il a eté nécessaire de mettre ensemble les expressions qui relèvent des catégories 3 et 4. Le résultat du test est: $X2$ (2) = 0,89, p = 0,64.

Tableau 2
Pourcentages des métaphores littéraires et journalistiques sur la complexité de
l'information (N=160)

métaphores	littéraires	journalistiques
avec information supplémentaire	14	13
sans information supplémentaire	36	37

Ici encore les différences relevées sont dépourvues de signification statistique[4].
Dans notre corpus, il n'y a pas de rapport entre le type d'un texte et la présence
ou l'absence d'information supplémentaire dans le syntagme du foyer
métaphorique.

Le Tableau 3 montre la répartition des métaphores littéraires et
journalistiques sur les catégories 'avec information supplémentaire au sens propre'
et 'avec information supplémentaire au sens figuré'. L'information caractérisée
plus haut comme 'ambivalente', a été rangée dans la catégorie 'information au sens
figuré'. En effet, ci-dessus, j'ai supposé que ces deux catégories pourraient être
utilisées pour distinguer les métaphores littéraires des métaphores journalistiques.

Tableau 3
Pourcentages des métaphores littéraires et journalistiques sur la nature de
l'information supplémentaire (n=43)

	littéraires	journalistiques
sens propre	16	26
sens figuré	35	23

Même si les différences entre les deux colonnes vont dans le sens de notre
hypothèse, elles ne sont pas significatives d'un point de vue statistique[5], les pourcentages ne recouvrant que 43 cas. Il est à remarquer toutefois que, dans les
données ci-dessus, nous retrouvons globalement la tendance attendue, à savoir que
les métaphores littéraires ont une préférence pour une information supplémentaire
au sens figuré. Cet aspect mérite d'être vérifié par une analyse sur un corpus de
données plus important.

---

[4] $X2$ (1) = 0,09. Après avoir appliqué la correction de Yates: p = 0,92.
[5] $X2$ (1) = 1,12. Après avoir appliqué la correction de Yates, p = 0,29.

En ce qui concerne la métaphore littéraire, la conclusion générale de cette première partie de l'analyse est, toutefois, assez maigre. D'un point de vue statistique, il n'y a aucune relation entre le type de texte et le style textuel de la métaphore: les données actuelles ne permettent pas d'admettre l'existence d'un style textuel spécifique qui distinguerait la métaphore littéraire de la métaphore journalistique. On peut toutefois remarquer que les métaphores littéraires complexes utilisent probablement plus souvent une information supplémentaire au sens figuré que les métaphores journalistiques. Celles-ci ne semblent pas avoir de préférence pour l'information supplémentaire de quelque nature que ce soit. Mais cette constatation doit être vérifiée par d'autres recherches.

4. MÉTAPHORE ET GRAMMAIRE

Ce n'est que par rapport aux caractéristiques grammaticales, que les recherches textuelles sur la métaphore prennent du relief. Pour cette partie de l'analyse trois phénomènes seront examinés: les mots faisant partie des syntagmes métaphoriques, leur fonction et leur position grammaticales. Mais tout dépend du niveau où chacun de ces phénomènes se situe. En effet, au cas où la métaphore se trouve au premier niveau, non seulement le *foyer*, mais aussi le *sujet* métaphorique se situent à l'intérieur du syntagme en question. Par contre, si la métaphore est réalisée à l'un des autres niveaux, nous trouvons uniquement le *foyer* métaphorique dans le syntagme métaphorique, tandis que le sujet métaphorique se situe à l'extérieur. C'est la raison pour laquelle je traiterai séparément ces différents niveaux dans ce paragraphe, à commencer par le groupe le plus important, celui qui comporte les niveaux 2 jusqu'à 4.

4.1. Les syntagmes métaphoriques des métaphores aux niveaux 2 à 4

Les questions que nous nous sommes posées concernant cette partie de l'analyse sont les suivantes:

1. Dans quels syntagmes se trouve le foyer métaphorique?
2. Quelle est la fonction grammaticale des syntagmes contenant le foyer métaphorique?
3. Quelle est la position grammaticale du syntagme contenant le foyer métaphorique?

Remarquons qu'il s'agit ici, aussi bien que dans les sections suivantes, du seul syntagme où se trouve le foyer métaphorique (dans la section suivante il s'agira de la métaphore dans sa totalité). La nature grammaticale du syntagme ne correspond pas nécessairement à la partie du discours ni à la fonction du foyer métaphorique, car celui-ci peut être localisé dans un syntagme emboîté ayant une autre fonction à l'intérieur du syntagme en question. Malheureusement je ne peux pas insister sur le rapport entre ces deux variables.

La première question concerne la catégorie grammaticale du syntagme contenant le foyer métaphorique. Pour traiter ce problème, nous avons distingué les catégories suivantes:

1. Syntagme nominal (NP)
2. Syntagme verbal (VP)
3. Syntagme adjectival (AdjP)
4. Syntagme adverbial (AdvP)
5. Syntagme prépositionnel (PrepP)
6. catégorie mixte (combinaison entre plusieurs syntagmes)

Les exemples suivants (de 8 à 13) illustrent respectivement chacune de ces catégories:

(8)   Zodra [*mijn gids*]$_{NP}$ de deur open had geduwd was de man binnen van zijn brits opgesprongen.
        'Dès que *mon guide* eut poussé la porte, l'homme qui se trouvait à l'intérieur de la pièce sauta au bas de son lit de camp.'
(9)   De truck [*kroop*]$_{VP}$ met een vaart van niets naar boven.
        'Le camion *rampait* comme un escargot vers le sommet.'
(10)   De meeste leden van de tweede Kamer vinden dat de voorlichtingscampagnes van de overheid [*koeler*, zakelijker en feitelijker]$_{AdjP}$ moeten worden.
        'La plupart des membres de la Chambre des députés sont d'avis que les campagnes d'information organisées par l'Etat doivent être plus *froides*, plus pragmatiques, et plus objectives.'
(11)   Het artikel ging niet zozeer over de voordelen die de negentien Europese deelnemers aan hun overeenkomst zullen ontlenen, maar vooral over de belangen van de buitenlandse ondernemers, Amerikanen en Japanners [*voorop*]$_{AdvP}$.
        'L'article ne traitait pas tellement du profit que les dix-neuf participants européens tireront de leur marché, mais surtout des intérêts des entrepreneurs étrangers, les Américains et les Japonais *en tête*.
(12)   Zakenman P.P.F. Langendijk heeft vannacht de 26 miljoen die nodig zijn om chartermaatschappij Air Holland [in *afgeslankte vorm]*$_{PrepP}$ voort te zetten bij elkaar.
        'Cette nuit, l'homme d'affaire P.P.F. Langendijk s'est procuré les 26 millions dont il avait besoin pour continuer sa compagnie charter Air Hollande sous une forme *amincie*.
(13)   ..., maar tussen Bodö en het huis [*had*} de Noordelijke IJszee [*een paar flinke happen*]$_{NP}$ uit het land [*genomen*]$_{VP}$, ...
        '..., mais entre Bodö et la maison, la mer Antarctique *avait avalé quelques bonnes bouchées du pays* ...'

Le plus grand nombre de foyers métaphoriques, à savoir 51, soit 42% de cette partie du corpus, fait partie d'un syntagme verbal. Avec 35 foyers métaphoriques (29%) le syntagme nominal se place deuxième. Viennent ensuite, à brefs intervalles, la catégorie des combinaisons avec 14% et le syntagme prépositionnel avec 11% du corpus. Finalement, il n'y a que 4 syntagmes adjectivaux (soit 3%) et un seul syntagme adverbial (voir l'exemple 11 ci-dessus). Les syntagmes métaphoriques où le sujet métaphorique se trouve en dehors du syntagme (les niveaux 2 à 4), sont donc surtout des syntagmes verbaux et des syntagmes nominaux (ensemble 71% de cette partie du corpus). Dans une certaine mesure, ces chiffres expliquent l'intérêt que les théoriciens traditionnels portent aux métaphores nominales et verbales.

La deuxième question concerne la fonction grammaticale des syntagmes relevés ci-dessus. Ici encore nous pouvons distinguer six catégories:

1. Sujet   [S]
2. Prédicat   [P]
3. Complément   [C]
4. Attribut (du sujet ou de l'objet direct)   [A]
5. Complément circonstanciel   [CC]
6. Catégorie mixte

Ces catégories sont illustrées par les foyers métaphoriques suivants, empruntés au corpus:

(14)   Zodra [*mijn gids*]$_S$ de deur open had geduwd was de man binnen van zijn brits opgesprongen.
        'Dès que *mon guide* eut poussé la porte, l'homme qui se trouvait à l'intérieur de la pièce sauta au bas de son lit de camp.'
(15)   De truck [*kroop*]$_P$ met een vaart van niets naar boven.
        'Le camion *rampait* commè un escargot vers le sommet.'
(16)   In Utrecht gaf hij donderdag [*het startschot* $_C$ voor de unieke vakopleiding
        'A Utrecht, il donna jeudi *le signal de départ* pour la formation professionelle unique dans son genre.'
(17)   De meeste leden van de tweede Kamer vinden dat de voorlichtingscampagnes van de overheid [*koeler, zakelijker en feitelijker*]$_A$ moeten worden.
        'La plupart des membres de la Chambre des députés sont d'avis que les campagnes d'information organisées par l'Etat doivent être plus *froides* plus pragmatiques, et plus objectives.'
(18)   Zakenman P.P.F. Langendijk heeft vannacht de 26 miljoen die nodig zijn om chartermaatschappij Air Holland [in *afgeslankte vorm*]$_{CC}$ voort te zetten bij elkaar.

'Cette nuit, l'homme d'affaire P.P.F. Langendijk s'est procuré les 26 millions dont il avait besoin pour continuer sa compagnie charter Air Hollande sous une forme *amincie*.'

(19)   ..., maar tussen Bodö en het huis [had} de Noordelijke IJszee [*een paar flinke happen*]_C uit het land [*genomen*]_P, ...

'..., mais entre Bodö et la maison, la mer Antarctique *avait avalé* *quelques bonnes bouchées du pays* ...'

Les résultats de l'analyse montrent clairement qu'il y a une hiérarchie dans la fréquence des fonctions grammaticales des syntagmes contenant un foyer métaphorique. La plus grande partie, soit 42% des syntagmes métaphoriques du corpus, fonctionne comme Prédicat. Après le Prédicat, c'est l'Attribut qui réalise le plus souvent le foyer métaphorique (23% des cas). Vient ensuite la catégorie mixte, où l'on trouve 14% des foyers métaphoriques, tandis que, dans la catégorie du complément circonstanciel, ils représentent 10% du corpus. Vient ensuite la fonction Sujet avec 7%, et, finalement, celle du Complément d'objet avec 3%.

Il y a une relation très nette entre ces résultats et ceux de la question précédente. En effet, 42% des foyers métaphoriques ont la fonction de Prédicat, ce qui est lié au fait que 42% des foyers métaphoriques entrent dans la catégorie grammaticale du syntagme verbal. De même, il y a un rapport entre le fait que 10% des foyers métaphoriques ont la fonction de complément circonstanciel et le fait qu'on trouve un pourcentage comparable de syntagmes prépositionnels parmi les catégories grammaticales. La variable 'catégorie grammaticale' est liée avec évidence à la variable 'fonction grammaticale'. La relation entre les syntagmes nominaux, d'une part, et les fonctions de Sujet, Attribut et Complément d'objet, d'autre part, montre cependant que l'information donnée n'est pas la même. Contre toute attente, on trouve peu de syntagmes nominaux ayant une fonction de Complément d'objet. Même le nombre de syntagmes nominaux à fonction de Sujet (fonction grammaticale indispensable pour la constitution d'une phrase correcte), est largement inférieur au nombre de syntagmes nominaux à fonction d'Attribut (fonction grammaticale facultative). Pour montrer qu'il y a une relation entre cette répartition des fonctions grammaticales et la position grammaticale, je vais regarder de près maintenant cette donnée variable.

Le problème concernant la troisième partie de l'analyse grammaticale est le suivant: dans quelle position grammaticale trouve-t-on des foyers métaphoriques au niveau des syntagmes? Voici les cinq catégories qui, étant moins connues, vont être définies ci-dessous:

1.   Position du Thème (thématique) - le premier syntagme de la proposition ou de la phrase;
2.   Position médiale - Ni Thème ni Rhème;
3.   Position du Rhème (rhématique) - le dernier syntagme de la proposition ou de la phrase (voir Fries 1994);

4.   Position finale - syntagme constituant un développement de la proposition
        ou de la phrase qui est en principe terminée;
5.   Catégorie mixte.

Les illustrations de ces catégories se trouvent dans les exemples 20 à 24:

(20)   Zodra *mijn gids* de deur open had geduwd was de man binnen van zijn
        brits opgesprongen (position thématique)
        'Dès que *mon guide* eut poussé la porte, l'homme qui se trouvait à
        l'intérieur de la pièce sauta au bas de son lit de camp.'
(21)   De truck *kroop* met een vaart van niets naar boven (position médiale)
        'Le camion *rampait* comme un escargot vers le sommet.'
(22)   De hemel is een *brede, donkerblauwe baai* (position rhématique)
        'Le ciel est un *large golfe bleu foncé.*'
(23)   Het artikel ging niet zozeer over de voordelen die de negentien Europese
        deelnemers aan hun overeenkomst zullen ontlenen, maar vooral over de
        belangen van de buitenlandse ondernemers, Amerikanen en Japanners
        voorop (position finale)
        'L'article ne traitait pas tellement du profit que les dix neuf participants
        européens tireront de leur marché, mais surtout des intérêts des entrepre-
        neurs étrangers, les Américains et les Japonnais *en tête.*'
(24)   *De eerste stap* naar acties in gezondheidszorg en welzijnssector *is*
        woensdagavond *gezet* (position mixte)
        'Mercredi soir on *a fait le premier pas* vers des actions militantes dans le
        secteur médico-social.'

Cette analyse donne lieu aux conclusions suivantes: il y a une hiérarchie évidente
entre les trois positions: position rhématique > position médiale > position thématique. Un peu moins de la moitié (46%) de tous les foyers métaphoriques se trouve
dans la position rhématique, et un peu plus du quart (27%) dans la position médiale; 12% des foyers métaphoriques se trouve dans la position thématique. Le
nombre de foyers métaphoriques pouvant être rangés dans plus d'une position est
de 13%. Il est à remarquer que le nombre de foyers métaphoriques en position
finale est restreint: 2% seulement.
        Si on met provisoirement de côté la catégorie mixte et celle de la position
finale, qui sont en fait assez marginales, on peut constater que les trois autres catégories forment un certain patron. Dans ces trois positions, pas moins que la moitié
des foyers métaphoriques se trouve dans la positon rhématique, position
généralement associée à l'emphase et à la pointe de la phrase. Les foyers métaphoriques sont donc relativement souvent l'apogée d'une proposition ou d'une phrase,
ce qui pourrait confirmer l'idée généralement admise que les foyers métaphoriques
contiennent un message particulier attirant l'attention du lecteur. La haute fréquence de la métaphore dans la position rhématique s'explique également par le
fait, déjà mentionné plus haut, que beaucoup de métaphores ont la fonction de

Prédicat ou de Complément d'objet. En effet, en néerlandais, les Prédicats et les Compléments sont souvent en position rhématique. La rareté relative des syntagmes métaphoriques nominaux ayant la fonction de Sujet est un aspect du même phénomène, car les Sujets sont souvent des Thèmes et par là, manifestement moins aptes à présenter un message métaphorique aux niveaux 2 à 4. Toutes ces observations relèvent de ce que les expressions linguistiques sont généralement construites d'après le contraste du 'given-new': on commence par présenter ce qui est connu, familier (un sujet au sens figuré), pour présenter ensuite ce qui est nouveau (le foyer métaphorique comme point culminant du message). De là vient que la métaphorologie utilise souvent la formule *A est B* , où A représente le sujet et B le foyer métaphorique.

Maintenant que ces patrons généraux sont connus, il est temps d'examiner la relation qu'ils entretiennent avec le type de texte. Pour ce qui est de la localisation d'un foyer métaphorique, la question est de savoir si une ou plusieurs catégories, fonctions ou positions sont plus souvent sélectionnées en prose littéraire qu'en prose journalistique. Différentes raisons peuvent expliquer la préférence pour telle ou telle catégorie. Comme la littérature laisse plus de marge pour l'expression métaphorique que la journalistique, on s'attendrait à un nombre relativement plus grand de métaphores dans les catégories un peu plus marginales. Plus que dans un texte journalistique, il pourrait y avoir, dans un texte littéraire, plus de syntagmes nominaux métaphoriques combinant une fonction de Sujet avec la position thématique; ou bien encore, plus de syntagmes adjectivaux, adverbiaux et prépositionnels ayant les fonctions de Complément d'objet et de Complément circonstanciel. Il est toutefois impossible d'indiquer très exactement le genre de prévisions qu'on pourrait faire.
    Commençons par donner un aperçu de la répartition des foyers métaphoriques sur les catégories grammaticales dans les deux sortes de textes (Tableau 4):

Tableau 4
Pourcentages de 121 foyers métaphoriques littéraires et journalistiques par catégorie grammaticale

	littéraires	journalistiques
NP	13	16
VP	23	19
AdjP	2	1
AdvP	0	1
PrepP	4	7
Mixte	8	6

Pour le test statistique, les trois catégories ayant obtenu le score le moins élevé sont mises ensemble. Le résultat est qu'il n'y a pas de rapport entre les deux variables[6]: les métaphores littéraires aussi bien que journalistiques sont réparties d'une manière identique sur les quatre groupes de syntagmes.

Le Tableau 5 montre la répartition des foyers métaphoriques sur les différentes fonctions métaphoriques par type de texte:

Tableau 5
Pourcentages de 121 foyers métaphoriques littéraires et journalistiques par fonction grammaticale

	littéraires	journalistiques
Sujet	2	5
Prédicat	23	19
Complément d'objet	1	3
Attribut	12	11
Complément circonstanciel	3	7
Mixte	8	6

De nouveau, quelques catégories dominantes sont à noter, à savoir, en ordre décroissant, les groupes [P], [A] et [Mixte]. Pour faire l'analyse statistique de leur relation avec le type de textes, on considère les autres catégories comme formant un seul groupe. Et, ici encore, on ne peut pas constater quelque relation que ce soit entre les deux variables[7]. Dans un texte littéraire, comme dans un texte journalistique, les foyers métaphoriques sont répartis d'une manière identique sur les quatre groupes des fonctions grammaticales.

Pour la dernière question concernant le rapport entre la position grammaticale des foyers métaphoriques et le type de textes, les données se trouvent dans le Tableau 6:

---

[6] $\underline{X2}$ (3) = 2,16, $\underline{p}$ = 0,54.
[7] $\underline{X2}$ (3) = 4,40, $\underline{p}$ = 0,22.

Tableau 6
Pourcentages de 121 foyers métaphoriques littéraires et journalistiques par position
grammaticale

	littéraires	journalistiques
position thématique	6	6
position mediale	13	14
position rhématique	22	24
position finale	1	1
mixte	8	5

Comme pour les Tableaux 4 et 5, je suis obligé, pour pouvoir exécuter le test
statistique, de réorganiser quelque peu les données et de réunir les deux catégories
aux scores les plus bas (position finale et mixte). Le résultat de l'analyse montre
qu'il n'y a, pas plus que dans les autres cas, de relation entre les deux variables[8].
Qu'on ait affaire à un texte littéraire ou journalistique, les foyers métaphoriques
sont répartis également sur les quatre positions grammaticales distinguées (dont
une se compose de deux catégories).

D'une manière générale, la conclusion qui s'impose est la suivante: par
rapport aux métaphores exprimées aux niveaux 2 à 4, il n'y a pas de raisons pour
admettre l'existence d'un style grammatical particulier de la métaphore littéraire.
Du point de vue de l'utilisation des catégories grammaticales, des fonctions et des
positions, les foyers métaphoriques s'expriment de façon identique dans les textes
littéraires aussi bien que journalistiques. L'hypothèse formulée plus haut
concernant l'existence d'un style métaphorique typiquement littéraire n'est donc
pas confirmée par ces données. Toutefois, cette conclusion n'implique pas
l'invalidité de cette hypothèse: en effet le corpus a une étendue limitée, et nous
pouvons supposer qu'avec des observations plus nombreuses, certaines tendances
se préciseraient. Mais les résultats actuels ne nous permettent pas de parler d'un
style grammatical particulier qui distinguerait la métaphore littéraire de la
métaphore journalistique.

4.2. L'analyse grammaticale des métaphores se situant au niveau 1

Etant donné que les concepts ont déjà été présentés plus haut et que les patrons
généraux sont connus, je peux me contenter d'un exposé plus concis. En outre, le
nombre réduit de données dont il s'agit dans ce paragraphe, fait qu'un test statisti-

---

[8] $X2$ (3) = 0,98, p = 0,81.

que n'a pas de sens. Il est toutefois possible de faire quelques remarques
sommaires.

Commençons par constater que le syntagme nominal et le syntagme
prépositionnel sont les seules catégories phrastiques qui entrent fréquemment dans
la réalisation d'une métaphore complète à l'intérieur des limites du syntagme. Les
pourcentages sont les suivants: le syntagme nominal: 46%; le syntagme
prépositionnel: 43%; la catégorie mixte: 5%; le syntagme verbal: 3%; le syntagme
adjectival: 3%. Ce patron et en particulier le score élevé de syntagmes prépositionnels peut s'expliquer de la manière suivante:

Pour les syntagmes prépositionnels métaphoriques, il y a deux possibilités:
il peut y avoir une tension métaphorique entre la préposition et le syntagme
nominal, qui lui sert de complément, comme le montre l'exemple suivant:

(25)   [Buiten mijzelf] ...
        'Hors de moi ...'

Dans ce cas, il est question d'un véritable syntagme prépositionnel métaphorique,
dont nous avons relevé 4 exemples seulement dans tout le corpus. Mais pour les
autres 13 syntagmes prépositionnels, la métaphore se situe plutôt *à l'intérieur du
complément*, donc dans le syntagme nominal. En voici un exemple:

(26)   [Met haar *koele* spokenogen] ...
        'De ses yeux *froids* de fantôme...'

Ici, la tension métaphorique se localise entre le foyer métaphorique *koel* ('froid')
et le sujet métaphorique *spokenogen* ('yeux de fantôme'). Ce n'est donc pas le
syntagme prépositionnel qui réalise la métaphore, mais le complément de la
préposition, à savoir le syntagme nominal.

C'est ainsi que s'explique le score remarquablement élevé du syntagme
prépositionnel dans la première colonne du Tableau 7. Dans 13 des 17 cas il s'agit
de métaphores fonctionnant comme syntagme nominal *à l'intérieur* d'un syntagme
prépositionnel.

Dans ce qui précède, il est uniquement question de métaphores réalisées à
l'intérieur de syntagmes. Mais pour les trois autres niveaux, nous constatons que
les syntagmes verbaux sont aussi populaires que les syntagmes nominaux, les
combinaisons de différents syntagmes étant une alternative moins fréquente mais
cependant constante. L'explication de cette différence entre le premier et
l'ensemble des niveaux suivants est évidente: au premier niveau les syntagmes
nominaux (y compris les syntagmes nominaux encastrés dans des syntagmes
prépositionnels) fonctionnent comme des propositions condensées, à l'intérieur
desquelles des métaphores entières doivent s'exprimer, comme le prouve la
structure interne de pareils syntagmes nominaux. En effet, dans la structure interne

de ces syntagmes nominaux, on peut reconnaître des métaphores condensées nominales aussi bien que verbales, comme le montrent les exemples (27) et (28):

(27)   De *tandem* Indurain-Delgado [< Indurain-Delgado zijn een tandem]
        'Le *tandem* Indurain-Delgado [< Indurain-Delgado sont un tandem]'
(28)   Het *wankelende* computerbedrijf Infotheek [< Het computerbedrijf Infotheek wankelt]
        'L'entreprise d'ordinateurs Infothèque *chancelante* [< L'entreprise d'ordinateurs Infothèque chancelle]'

Dans le Tableau 7 nous trouvons les fréquences des différents types de métaphores ventilés par genre:

Tableau 7
Répartition de fréquences de 39 métaphores littéraires et journalistiques sur les catégories grammaticales (regroupées).

	littéraires	journalistiques
NP	6	12
PrepP	10	7
reste	2	2

Ces données ne nous permettent pas de constater une différence entre les deux sortes de textes[9]. Les métaphores littéraires et journalistiques sont réparties d'une manière identique sur les différentes catégories grammaticales.

Tournons-nous vers les fonctions grammaticales des métaphores réalisées au niveau 1. Le Complément circonstanciel a le score le plus élevé (36%), suivi du Sujet (23%) et de l'Attribut (21%). Le Complément d'objet vient ensuite avec un score de 13%, puis le groupe-résidu composé des catégories Mixte et du Prédicat avec 5% et 3%. Cet ordre de fonctions surprenant est en rapport avec le rôle dominant du syntagme nominal et du syntagme prépositionnel à ce niveau de l'expression. Les syntagmes prépositionnels ont tous la fonction de Complément circonstanciel, tandis que les syntagmes nominaux doivent être répartis sur les fonctions de Sujet, d'Attribut et de Complément d'objet.

Si nous comparons ces résultats avec ceux du paragraphe précédent, nous constatons une grande différence. Remarquons, plus en particulier, les scores

---

[9] X2 (2) = 2,31, $\underline{p}$ = 0,32.

élevés pour les fonctions de Complément circonstanciel et de Sujet, et les scores
inférieurs pour la fonction de Prédicat. Pour l'interprétation de ces constatations,
il faut regarder de plus près la relation entre la fonction grammaticale et le type
de texte (Tableau 8):

Tableau 8
Répartition des fréquences de 39 métaphores littéraires et journalistiques sur les
fonctions grammaticales

	littéraires	journalistiques
Sujet	1	8
Préd	1	0
Complément d'objet	3	2
Attribut	2	6
Complément circonstanciel	10	4
Mixte	1	1

Ce tableau nous permet de constater une interaction évidente entre la fonction
grammaticale et le type de texte: les métaphores à fonction de Sujet et d'Attribut
se trouvent surtout en journalistique (72% des cas pour les deux catégories
réunies), tandis que la littérature a une nette préférence pour les métaphores à
fonction de Complément circonstanciel (51%).

Les Compléments circonstanciels littéraires sont divers: ils comprennent les
relations possessives dans les exemples (29) et (30)

(29)   in *een pijpenla van* een kamertje
        'dans une pièce longue et très étroite' (qui ressemble à un tiroir où l'on
        conserve les pipes en faïence)
(30)   naar de *zwarte muur van* lianen, dode takken ...
        'vers le mur noir de lianes, de branches mortes ...'

Mais aussi des métaphores verbales et nominales dans les exemples comme (27)
et (28), donnés plus haut.

Comment expliquer la place prépondérante que prennent les Compléments
circonstanciels? Est-ce que les Compléments circonstanciels métaphoriques sont
plus fréquents en textes littéraire qu'en textes journalistiques, ou est-ce que, en
général, les Compléments circonstanciels sont plus fréquents en littérature, entraî-
nant un nombre excessivement grand de compléments circonstanciels métaphoriques? Les deux suppositions se basent sur l'idée généralement admise que le

langage littéraire serait fleuri et imagé. Des recherches plus poussées pourraient donner ici une réponse définitive.

Occupons-nous finalement de la position grammaticale du syntagme métaphorique. Le Thème et le Rhème occupent la première place ex aequo avec 31%, suivies de près par la position médiale avec 28%. Les catégories position finale et Mixte ont un score de respectivement 8% et 3%.

Ici encore on peut parler d'une grande différence avec les patrons relevés aux autres niveaux. La position grammaticale ne semble pas avoir de l'importance pour les métaphores qui sont exprimées par un seul syntagme: on les trouve aussi bien au début, au milieu ou à la fin de la phrase. On pourrait supposer que la fonction de ces métaphores est moins de persuader le lecteur que d'animer ou de vivifier le style.

La relation entre type de texte et position grammaticale pour ce groupe de métaphores se trouve dans le Tableau 9:

Tableau 9
Répartition des fréquences de 39 métaphores littéraires et journalistiques sur les positions grammaticales

	littéraires	journalistiques
Position thématique	5	7
Position médiale	4	7
Position rhématique	6	6
Position finale	3	0
Mixte	0	1

Ce Tableau ne nous permet pas davantage de faire une différence entre les deux types de textes. On pourrait dire tout au plus qu'en littérature l'usage de la catégorie déviante de la position finale est un peu plus fréquente. Et une éventuelle confirmation de cette tendance par des recherches plus poussées ultérieures, ne ferait que répondre à l'attente formulée plus haut. Mais ce ne sont là que des suppositions dépourvues de fondement sérieux.

La conclusion générale de cette partie de mes recherches, doit être la suivante. Il y a une différence importante entre le premier et les autres niveaux où l'expression métaphorique est réalisée. Car:
a.   au premier niveau, on trouve deux catégories grammaticales dominantes, celle du syntagme nominal et du syntagme prépositionnel, tandis qu'au

niveau 2 et suivants, le syntagme verbal fait concurrence au syntagme nominal;

b.   au premier niveau, on trouve surtout des métaphores ayant les fonctions de Complément circonstanciel, d'Attribut et de Sujet, tandis qu'au niveau 2 et suivants ce sont surtout les fonctions d'Attribut et de Prédicat, qui sont utilisées pour la réalisation des foyers métaphoriques;

c.   pour l'expression des métaphores condensées, on trouve au premier niveau une présence égale des trois positions cruciales, thématique, médiale, et rhématique. Par contre, au niveau 2 nous avons relevé pour les foyers métaphoriques, une série décroissante, remontant la phrase de la fin vers le début: position rhématique, position médiale et position thématique;

d.   en plus, il est question d'au moins une interaction évidente au niveau 1 avec le type de texte, ce qui n'est pas le cas aux niveaux 2 et suivants: c'est surtout la fonction de Complément circonstanciel qui joue un rôle pour les métaphores littéraires, mais dans le cas des métaphores journalistiques nous trouvons essentiellement les fonctions de Sujet et d'Attribut.

5. Vers une stylistique de la métaphore en prose littéraire

Les modestes recherches sur le style de la métaphore en littérature que je viens d'effectuer ont abouti à deux conclusions assez claires. Tout d'abord, nous pouvons affirmer qu'en général, la métaphore a une forme assez reconnaissable en tant que style textuel et grammatical. Ce style présente les traits suivants:

a.   on trouve le plus souvent des métaphores au niveau de la proposition ou de la phrase, c'est-à-dire que la tension entre le foyer et le sujet métaphorique se situe surtout entre les syntagmes d'une phrase; les métaphores relèvent donc en premier lieu de la grammaire phrastique, et non pas du niveau lexical ou textuel;

b.   à ceci s'ajoute que le syntagme où se trouve le foyer métaphorique, a généralement un caractère simple, ce qui signifie que le syntagme métaphorique ne contient pas d'information supplémentaire au sens propre, métaphorique ou ambivalent du terme;

c.   quant à la catégorie grammaticale, les foyers métaphoriques se réalisent de préférence au niveau 2, où ils sont intégrés dans un syntagme nominal ou verbal, ce qui signifie que les métaphores nominales et verbales dominent;

d.   quant à la fonction grammaticale, de tels syntagmes métaphoriques ont surtout les fonctions de Prédicat et d'Attribut; ces fonctions correspondent en grande partie aux catégories grammaticales des syntagmes nominaux et verbaux;

e.   pour ce qui est de la position grammaticale, les syntagmes métaphoriques se trouvent essentiellement dans la position rhématique et médiale de la phrase; ajoutons que cette tendance correspond aux fonctions et catégories que nous venons de relever.

Si ces tendances sont caractéristiques de la stylistique des métaphores, seuls les exemples ((2) et (22)) donnés plus haut seraient des métaphores exemplaires. Un décompte fait à l'ordinateur du nombre des métaphores répondant à ces spécifications eut pour résultat 66 des 160 métaphores, autrement dit 41%.

La deuxième conclusion se rapporte à la nature de la métaphore littéraire. En nous basant sur le patron esquissé dans cet article, on peut tirer la conclusion globale que les caractéristiques relevées plus haut valent pour les métaphores littéraires aussi bien que journalistiques. Par conséquent, il n'y a pas de différence entre elles. Cette absence de différence ressort également du fait que 31 des 66 métaphores exemplaires, sont des métaphores journalistiques, contre 35 métaphores littéraires. On peut supposer que s'il y a une divergence stylistique entre les métaphores littéraires et journalistiques, elle est ailleurs.

Un premier groupe possible de métaphores typiquement littéraires est constitué par les métaphores contenant une information supplémentaire. Les métaphores de ce groupe semblent contenir de préférence une information supplémentaire au sens figuré et ambivalente. Une analyse basée sur un corpus plus important doit donner dans l'avenir une réponse définitive à cette question. Si cette tendance était confirmée, ce serait tout à fait conforme à notre attente: en effet, une telle confirmation correspondrait à l'idée générale que nous nous faisons de la littérature comme type de texte favorable à l'utilisation de la métaphore (Steen 1994).

Un deuxième groupe possible de métaphores typiquement littéraires est constitué par les métaphores du premier niveau de l'expression (25% de l'ensemble du corpus). J'ai montré plus haut que, dans un texte littéraire, la moitié de ces métaphores a la fonction de Complément circonstanciel, tandis que, dans un texte journalistique, elles ont pour presque les trois quarts des cas la fonction de Sujet ou d'Attribut. La nature imagée du style littéraire serait peut-être liée à cette fréquence de la fonction de Complément circonstanciel.

Katholieke Universiteit Brabant

Bibliographie

M.A.K. Halliday et R. Hasan (1975), *Cohesion in English*. London: Longman

E. Ibsch et D.H. Schram (1987), *Rezeptionsforschung zwischen Hermeneutik und Empirik*. Amsterdam: Rodopi.

G.N. Leech et M. Short (1981), *Style in fiction: A linguistic introduction to English fictional prose*. London: Longman.

G.J. Steen (1994), *Understanding metaphor in literature: An empirical approach*. London: Longman.

M.B. Van Buuren (1988), *Filosofie van de algemene literatuurwetenschap*. Nijmegen: Martinus Nijhoff.

G. Verhoeven (1991), Stilistiek voor taalbeheersers. *Tijdschrift voor Taalbeheersing* 13, 1-14.

Les figures de style et l'image

Aron Kibédi Varga

Style et stylistique

Le terme *style* ne s'applique pas uniquement à la parole, orale ou écrite, il est employé dans de nombreux domaines. Il désigne en fait les formes qui caractérisent une culture, qui en marquent la spécificité et les limites[1]: ainsi on peut distinguer par exemple des styles vestimentaires et des styles de vie qui caractérisent un groupe social et le distinguent d'autres groupes. Ce qui est surprenant cependant, c'est que le corollaire du terme *style*, c'est-à-dire le terme *stylistique*, qui renvoie à l'étude systématique et détaillée des faits de style, a, lui, un champ d'application beaucoup plus restreint: l'étude du style est en général réservée à la sémiotique, le terme stylistique ne désigne l'étude du style que dans le seul domaine des arts auditifs[2], c'est-à-dire les arts du langage et la musique.

La musique est en effet le seul art qui ait emprunté ses outils d'analyse formelle à la stylistique linguistique - jusque dans les détails des figures de style (anaphore, hypotypose, etc.)[3]. La musicologie traditionnelle utilise l'appareil terminologique que la rhétorique met à sa disposition pour classer les formes musicales susceptibles de provoquer des effets de pathos, soit en imitant la sonorité naturelle (description sonore du monde extérieur) soit en renforçant un effet psychologique obtenu grâce à la répétition d'un motif musical.

Comment expliquer cette différence entre les arts auditifs et les arts visuels? Sans doute par le fait que de tous les phénomènes de style, ceux du langage sont les seuls à ne pas être visibles, à s'adresser à un autre sens que la vue. La stylistique décrit les faits de style ayant lieu dans un système de signes *arbitraires* là où la sémiotique se charge de rendre compte des faits de style qui se présentent dans des systèmes de signes *naturels*, comme la mode ou l'architecture. La taille respective d'un objet représenté ou sa disposition spatiale sont des phénomènes sémiotiques[4];

---

[1] "Many archeologists and ethnologists have employed the notion of style as an index of social boundaries" : Donald Preziosi, *Rethinking Art History*, Yale University Press, New Haven, 1989, p. 147.
[2] Pour simplifier, je laisse de côté le problème que la littérature écrite et lue n'est sans doute plus un art auditif sans devenir pour autant un véritable art visuel. Cf. Sabine Gross, *Lese-Zeichen*, Wissenschaftliche Buchgesellschaft, 1994.
[3] Voir H. H. Unger, *Die Beziehungen zwischen Musik und Rhetorik im 16.-18. Jahrhundert*, Würzburg, 1941; Calvin S. Brown, *Music and Literature*, Unversity of Georgia Press, Athens, 1948; Arno Forchert, "Musik und Rhetorik im Barock", in: *Schütz-Jahrbuch*, 7/8, 1985-1986, pp. 5-21; George Barth, *The Pianist as Orator*, Cornell University Press, Ithaca, 1992.
[4] Il existe deux tentatives récentes de systématiser la sémiotique de l'image: Fernande Saint-Martin, *La sémiologie du langage visuel*, Presses de l'Université du Québec, Montréal, 1987; et Groupe Mu, *Traité du signe visuel - Pour une rhétorique de l'image*, Seuil, 1992 (Pour le dernier titre, voir

l'homophonie de certains groupes de mots ou leur répétition constituent des phénomènes stylistiques.

Si la stylistique ne semble donc intéresser que les arts auditifs, par contre, la notion de style n'en a pas moins une place privilégiée dans les études concernant les arts visuels. L'histoire de l'art a connu des "écoles" qui considèrent l'analyse des formes comme fondement de leur discipline (Wölfflin) et l'analyse formelle des styles fait partie intégrante du cursus des futurs historiens de l'art. Cependant les différences entre l'analyse stylistique en littérature et l'analyse du style en peinture sautent aux yeux: en histoire de l'art elle concerne presque toujours une période ou une tendance (maniérisme, impressionnisme) et non pas une œuvre (unique, ou l'ensemble des travaux d'un seul peintre)[5] et elle s'intéresse en général à des configurations complexes de lignes et non pas à la reconstruction des éléments formels simples comme c'est le cas lorsqu'on identifie des figures de style dans un texte ou dans un morceau de musique. Les diverses tentatives d'établir une "grammaire des formes" élémentaires - celle de John Ruskin dans le premier volume des *Stones of Venice* (1850) est sans doute l'une des plus célèbres - n'ont pas réussi à imposer un vocabulaire unifié; ces "grammaires" sont par ailleurs beaucoup plus souvent utilisées par la psychologie de la perception, et dans un but pédagogique, que dans l'histoire de l'art proprement dite[6]. Ainsi, pour les beaux-arts, l'étude du style reste encore aujourd'hui une matière controversée, loin d'un quelconque consensus[7]; étude du style et analyse formelle ne semblent pas être ici aussi étroitement et naturellement rattachées l'une à l'autre que dans les études littéraires.

Les figures de style

La stylistique dispose, depuis l'antiquité, d'une terminologie élaborée pour décrire l'immense variété des faits de style, notamment grâce à ce qu'il est convenu

---

mon compte-rendu dans *Rapports - Het Franse Boek*, 1992/3, pp. 128-130). - Voir aussi: Meyer Schapiro, "Sur quelques problèmes de sémiotique de l'art visuel: champ et véhicule dans les signes iconiques", in: idem, *Style, artiste et société*, Gallimard, 1983, pp. 7-34; Boris Uspensky, *The Semiotics of the Russian Icon*, Peter de Ridder Press, Lisse, 1976; Felix Thürlemann, *Vom Bild zum Raum - Beiträge zu einer semiotischen Kunstwissenschaft*, DuMont, Köln, 1990; Oliver R. Scholz, *Bild, Darstellung, Zeichen*, Karl Alber, Freiburg, 1991.

[5] Voir Svetlana & Paul Alpers, "Ut pictura noesis? Criticism in Literary Studies and in Art", in: Ralph Cohen, ed., *New Directions in Literary History*, Routledge & Kegan Paul, Londres, 1974, pp. 196-220.

[6] Voir Donis A. Dondis, *A Primer of Visual Literacy*, MIT Press, Cambridge, Ma., 1973 ; Justo Villafane, *Introducción a la teoría de la imagen*, Pirámide, Madrid, 1990, pp. 97-190. - L'interprétation des formes visuelles relève d'ailleurs également du domaine d'une autre discipline: la *communication nonverbale*!

[7] Pour la méfiance des historiens de l'art à l'égard d'une analyse stylistique d'œuvres individuelles, voir par exemple Richard Wollheim, "Style in Painting", in: Caroline van Eck, e.a., réds., *The question of style in philosophy and the arts*, Cambridge University Press, 1995, pp. 37-49.

d'appeler les *figures de style*. Ces figures semblent être presque entièrement absentes dans les travaux des historiens de l'art. Dès lors, la question se pose de savoir si les figures pourraient avoir une place dans les études stylistiques visuelles - et s'il faut donc s'étonner, comme le fait le Groupe Mu, "de ce que la rhétorique linguistique regorge de noms très précis pour désigner les figures, alors que dans le visuel on n'observe rien de pareil"[8] - ou si l'hypothèse formulée au début est vraie, à savoir que les signes naturels ne sont pas capables d'être appréhendés en tant que figures. En d'autres termes, il s'agit de se demander s'il est possible d'isoler des phénomènes picturaux dont les figures, jusqu'ici utilisées uniquement en littérature et en musique, pourraient rendre compte.

Les traités traditionnels distinguent plus de deux cents figures de style et les rangent en général dans trois grandes catégories, les *figures de mots*, les *figures de pensée* et les *tropes*. Les classements montrent des variations; en outre, des subdivisions ont été entreprises, notamment pour les deux premières catégories. Ainsi - pour ne prendre que quelques exemples - Fontanier distingue les figures de construction, les figures d'élocution et les figures de style proprement dites, Suhamy les figures de répétition, les figures de construction, les figures de mise en valeur et les ellipses, Bacry les figures de la ressemblance, les figures du voisinage, les figures de l'ordre des mots, les figures de construction, les figures du lexique, les figures du contenu sémantique et les figures de l'organisation du discours[9]. Une division particulièrement simple et, par là même, très utile - au delà des trois catégories traditionnelles - semble être celle proposée par Georges Molinié: la simple dichotomie de figures macrostructurales, qui "ne se repèrent pas automatiquement dans l'énoncé", et de figures microstructurales, qui "se signalent d'emblée à l'interprétation pour que le discours ait un sens acceptable"[10]. Une telle distinction serait, comme nous le verrons, sans aucun doute applicable au domaine de la peinture.

Toutefois, lorsque l'on étudie de près les figures de style, on commence à comprendre les réticences des historiens de l'art à les accueillir sur leur terrain, à permettre le déferlement de ces centaines de figures dans l'analyse des tableaux. La lecture des traités de stylistique montre en effet que les figures sont souvent très mal définies; leurs limites, leurs contours sont flous. La question se pose alors de savoir si ces confusions s'expliquent simplement par la négligence des stylisticiens ou peut-être par autre chose, par certaines qualités de la matière traitée. Dans le premier cas, les améliorations et corrections futures suggérées par

---

[8] *Op. cit.*, p. 288.

[9] Pierre Fontanier, *Les figures du discours* (1827-1830), p.p. Gérard Genette, Flammarion, 1968; Henri Suhamy, *Les figures de style*, Presses Unversitaires de France, Coll. Que-sais-je?, 1981; Patrick Bacry, *Les figures de style*, Belin, 1992.

[10] Georges Molinié, *Dictionnaire de rhétorique*, Livre de Poche, 1992, pp. 208 et 218; *La stylistique*, Presses Universitaires de France, 1993, pp. 113-151. Les tropes, rangés par Molinié parmi les figures microstructurales, présentent un problème en peinture et seraient plutôt à considérer comme des figures macrostructurales (voir plus loin).

des générations de grammairiens devraient en principe permettre un jour d'établir un système satisfaisant dont rien n'empêcherait plus l'application généralisée, étendue à tous les arts. Dans le deuxième cas, l'imprécision est inhérente au classement et elle ne saurait être corrigée, de sorte que l'application de la stylistique aux autres arts restera sans doute instructive mais toujours problématique.

Je serais tenté d'opter pour la deuxième solution, et ceci parce qu'il me semble impossible d'examiner les figures de style en dehors de la théorie de la communication[11]. Celle-ci postule, comme on sait, que la parole - comme tout autre moyen de communiquer - possède toujours deux visées fondamentales: elle établit le contact avec autrui et elle informe. La parole s'adresse à quelqu'un selon certaines règles et elle renvoie à un référent. La première partie du travail communicatif est beaucoup mieux codifiée que la seconde; la grammaire et la rhétorique nous disent exactement comment il faut établir un minimum d'accord préalable et capter l'attention de notre interlocuteur: l'aventure commence ensuite, lorsque le contact est établi. Il faut parler *de* quelque chose mais il faut en même temps éviter la banalité, éviter de dire ce que l'autre sait déjà et qu'il serait inutile et ridicule de dire une nouvelle fois; l'information doit contenir "du nouveau". Cette partie du travail communicatif est pleine de risques, elle est beaucoup moins codifiable que la première: les pédagogues et les média le savent.

Envisagées dans cette perspective, les figures de style s'échelonnent sur une longue ligne qui va de l'établissement pur de la communication à la transmission pure de l'information: elles s'installent entre les deux extrémités représentées par l'*anaphore*[12], figure de la répétition, et par l'*hypotypose*, figure de la description. La première est la figure la mieux définie: "répétition d'un élément identique en tête de plusieurs membres successifs d'une structure" (Bacry), là où la définition de la dernière reste, à travers les siècles, extrêmement maladroite: "elle peint les choses d'une manière si vivante et si énergique qu'elle les met en quelque sorte sous les yeux", écrit Fontanier. La différence est significative: la définition de l'anaphore permet à chacun d'en créer, celle de l'hypotypose ne donne pas le

---

[11] Je suis obligé d'utiliser le terme "théorie de la communication", bien qu'il soit légèrement ambigu pour mon propos, puisque j'insiste à l'intérieur de celle-ci, pour les séparer fortement, sur les deux moments de la communication (proprement dite) et de l'information, correspondant à peu près aux fonctions phatique et référentielle de Jakobson.

[12] Il convient, bien entendu, de distinguer la figure de style *anaphore* du connecteur diaphorique *anaphore* qui fait l'objet de nombreuses recherches en linguistique pragmatique (Pour ce dernier, voir mon article "Les déterminations du texte", in: *Langage et société 19*, 1982, pp. 3-22; "Anaphoric Relations in Sentence and Text, *Rivista di Linguistica*, 2/1/, Pisa, 1990; L'Anaphore et ses domaines", *Recherches Linguistiques XIV*, Metz, 1990 et "Anaphore", in: Oswald Ducrot & Jean-Marie Schaeffer, *Nouveau dictionnaire encyclopédieque des sciences du langage,* Seuil, 1995, pp. 457-466). Les deux anaphores concernent la répétition, mais tandis que l'anaphore stylistique a une place fixe et garde sa forme, l'anaphore linguistique n'a pas de place fixe, elle peut revêtir plusieurs formes (article défini, pronom démonstratif) et n'a pas de signification, par conséquent, qu'en renvoyant à un terme signifiant qui le précède.

moindre conseil pratique à quiconque voudrait s'en servir. La répétition renforce la communication et relève de la codification des rapports interhumains[13]; en revanche, la description s'attaque au référent qui échappe aux hommes et que la parole a du mal à maîtriser et à codifier.

La difficulté que les rhétoriciens ont éprouvée au cours des siècles à classer les figures tient sans doute au mystère du référent. Tout système linguistique est clair et admet des taxinomies nettes tant qu'il reste vide de sens mais le renvoi, nécessaire et inévitable, au monde extérieur, au monde de cette expérience que nous partageons tous mais de manière inégale, perturbe immédiatement le système et crée des malentendus et des imprécisions.

La répétition et l'énumération linguistiques

Sur le plan verbal, la *répétition* peut revêtir plusieurs formes. Elle n'est complète, et donc uniquement communicative, que si elle a lieu à la fois à tous les niveaux, phonétique, morphologique et sémantique, comme dans ce vers de Racine: *"Rompez, rompez tout pacte avec l'impiété"* (*Athalie*)[14]; mais elle peut se situer aussi au niveau de la seule synonymie: *"L'arche sainte est muette et ne rend pas d'oracles"* (dans la même pièce de Racine). Dans les deux cas, la répétition, qu'elle soit tautologique ou qu'elle esquisse un mouvement de la cause ("mutisme") vers l'effet ("plus d'oracles"), entend renforcer l'impression sur le destinataire.

Un cas plus complexe se présente lorsqu'il y a répétition phonétique sans que celle-ci aille de pair avec la répétition sémantique: l'identité partielle des sons cache une opposition de sens: *"Qui s'excuse, s'accuse"*. Enfin, la répétition peut revêtir la forme d'une division, d'une dichotomie sémantique contrastante, comme dans ces vers de Jean-Baptiste Rousseau: *"Le masque tombe, l'homme reste/ Et le héros s'évanouit."*[15] Certes, les trois substantifs répètent, dans la mesure où ils désignent un seul personnage: mais *masque*, qui a un rapport métonymique avec l'*homme*, et *héros*, qui entretient un rapport hyperbolique avec lui, s'opposent. Cette répétition n'est pas simplement communicative, elle n'a rien d'une confirmation rassurante: elle transmet une information nouvelle qui inquiète. Dans ces deux derniers cas, la répétition n'est donc communicative qu'à un seul niveau, elle n'est qu'apparente.

---

[13] Pour le rôle de la répétition dans les arts, voir *Suites & Séries - Rhétorique des arts III*, Publications de l'Université de Pau, 1994, et *Protée*, vol. 23, no 3, automne 1993 (no. sp. répétitions esthétiques).
[14] Là encore, l'intonation peut rompre l'effet strictement tautologique et introduire une nuance de nouveauté.
[15] J'emprunte mes exemples au *Dictionnaire des littératures* de G. Vapereau, 2e éd., 1884, pp.795-796. - Pour les nombreuses variantes (graphique, phonique, lexicale, sémantique, etc.) de la répétition verbale, on consultera l'excellente étude de Madeleine Frédéric, *La répétition -Étude linguistique et rhétorique*, Max Niemeyer, Tübingen, 1985.

La répétition complète a pour seule fonction rhétorique de confirmer le contact et l'accord entre les interlocuteurs; en revanche, la répétition partielle peut avoir des fonctions rhétoriques plus complexes, participer plus activement au processus de l'argumentation: de *figure* stylistique, elle se transforme en *lieu* rhétorique, plus exactement en un "lieu de l'énumération"[16]. L'énumération persuade de l'ampleur d'une chose; elle est courante en littérature. Lorsque le bûcheron, chez La Fontaine, "songe à son malheur", il se persuade de la grandeur de sa misère en ayant recours à ce lieu rhétorique:

> *Point de pain quelquefois, et jamais de repos,*
> *Ses femmes, ses enfants, les soldats, les impôts,*
> *Les créanciers, et la corvée,*
> *Lui font d'un malheureux la peinture achevée.*

Et lorsque Bérénice cherche à expliquer à sa confidente Phénice les raisons de sa passion pour Titus, elle se sert à son tour d'une énumération:

> *De cette nuit, Phénice, as-tu vu la splendeur?*
> *Tes yeux ne sont-ils pas tout pleins de sa grandeur?*
> *Ces flambeaux, ce bûcher, cette nuit enflammée,*
> *Ces aigles, ces faisceaux, ce peuple, cette armée,*
> *Cette foule de rois, ces consuls, ce sénat,*
> *Qui tous, de mon amant empruntaient leur éclat;*
> *Cette pourpre, cet or, qui rehaussait sa gloire,*
> *Et ces lauriers encor témoins de sa victoire;*
> *Tous ces yeux qu'on voyait venir de toutes parts*
> *Confondre sur lui seul leurs avides regards;*
> *Ce port majestueux, cette douce présence.*
> *Ciel! avec quel respect et quelle complaisance*
> *Tous les cœurs en secret l'assuraient de leur foi !*[17]

L'énumération est une répétition partielle sur le plan de la synonymie: il y a un élément commun de misère ou de grandeur dans une série de phénomènes ou de personnes par ailleurs spatialement distingués. L'élément commun relève de la répétition communicative, la nouvauté sémantique relève de la description informative. L'énumération est une répétition devenue description.

La répétition et l'énumération visuelles

Les arts visuels entretiennent un autre rapport avec le monde que les arts auditifs. Mais ce rapport est différent selon que l'on analyse les arts visuels mimétiques ou

---

[16] Parfois appelé aussi "lieu de la division". J'emprunte de nouveau mes exemples à Vapereau (p.1253).
[17] La Fontaine, "La mort et le bûcheron", *Fables* I, 16; Racine, *Bérénice*, Acte I, scène 5.

les arts visuels non-,i,étiques, dont le statut se rapproche davantage de celui des arts auditifs. Je commence par les arts visuels mimétiques.

L'art mimétique se concevant dans une relation de ressemblance avec le monde référentiel, il ne saurait répéter que ce qui se répète auparavant dans ce monde: il peut répéter les formes élémentaires, les lignes et les couleurs, il peut répéter les hommes - comme dans une énumération - mais il ne peut pas répéter un homme ou une montagne donnés. Dans les arts non-mimétiques, comme dans les arts de la parole, la relation entre le medium artistique et la réalité est arbitraire ou symbolique, la répétition peut donc renvoyer indéfiniment à la même chose, à un seul objet, à une seule action. La même chose peut s'établir à l'infini dans le temps, mais elle ne peut s'établir qu'une seule fois dans l'espace. Dès qu'elle dépasse les formes élémentaires, c'est-à-dire la ligne et la couleur, au niveau sémantique donc, la figure de la répétition cesse d'être une figure sur un tableau mimétique, parce qu'elle ne peut rien ajouter à ce qui se voit, elle est incapable de manifester un "écart".

Répéter une chose dans l'espace, c'est copier[18]. La copie relève en particulier de la sociologie de l'art (Benjamin) et, depuis Borges peut-être, certains artistes modernes lui redonnent un sens positif. Elle pose cependant, et depuis l'Antiquité, un problème que les arts du discours ignorent, celui de l'authenticité[19]: la copie parfaite rend en principe insoluble la question de savoir comment distinguer l'original et la copie, le vrai et le faux. C'est ce qui explique dans de nombreuses civilisations la méfiance séculaire à l'égard de l'image[20], en particulier dans la représentation d'êtres humains, dans les portraits. La copie n'est admise que lorsqu'aucun doute sur l'original n'est possible, par exemple dans le cas de médailles représentant l'empereur ou le monarque. En revanche, la copie devient symbole d'une société du spectacle et d'une réalité menaçante qui déréalise, lorsque, au delà des reproductions en cartes postales, elle se manifeste en portraits doubles, comme chez Claude Cahun[21], ou en une série indistincte, comme dans les portraits multiples d'Andy Warhol.

Toutefois, la figure de la répétition peut se présenter au niveau des formes élémentaires. Sur le plan verbal, elle se manifeste, comme nous l'avons vu, simultanément ou séparément, aux niveaux de la phonétique, de la syntaxe, de la sémantique. La critique d'art ne semble connaître aucun consensus pour distinguer les niveaux à étudier. Wollheim parle d'éléments *matériels*, d'éléments *représentés* (spatialité, perspective) et d'éléments *figuratifs*[22]; on pourrait sans doute entreprendre une analyse stylistique et figurale de l'épaisseur de la couleur ou des

---

[18] Cf. George Kubler, *The Shape of Time*, 1962; Sándor Radnóti, *Hamisítás*, Magvetö, Budapest, 1995, pp. 139-202.

[19] Le faux littéraire n'est pas une copie, le faux artistique peut l'être.

[20] Cf. François Dagognet, *Philosophie de l'image*, 2e éd., Vrin, Paris, 1986.

[21] Cf. François Leperlier, *Claude Cahun, l'écart et la métamorphose*, Jean-Michel Place, Paris, 1992.

[22] *Art. cité*, pp. 43-44.

formes géométriques. Pour simplifier, je me limite à étudier la figure de la répétition au niveau des deux composantes formelles traditionnelles, celles que la théorie de l'art distingue depuis des siècles: la ligne et la couleur.

En principe, dans l'art mimétique, la répétition pourrait se manifester pour les deux composantes de la ligne et de la couleur (répétition double) ou pour l'une d'entre elles (répétition simple). En réalité, sur une surface peinte, tout se répète simultanément, bien que la répétition ne soit pas toujours exacte: les lignes ne se ressemblent pas entièrement, les couleurs comportent des nuances différentes. Le rapport entre les deux composantes n'a aucune analogie avec les niveaux linguistiques que nous avons constatés en littérature: la couleur ne saurait ni renforcer ni contredire la ligne et inversement.

La répétition pure, c'est-à-dire isolable et ayant pour but unique d'assurer ou d'intensifier la communication, est extrêmement rare, en peinture plus encore que sur le plan verbal. Il est en effet impossible de séparer pratiquement la ligne et la couleur: toute ligne a une couleur, toute couleur est entourée, démarquée par une ligne (un contour). Mais la relation ligne-couleur est asymétrique: *avoir* une couleur est autre chose qu'*être démarqué* par une ligne, la voie active s'oppose à la voie passive du verbe. La couleur fait partie de la ligne et empêche celle-ci de constituer pleinement une figure "vide", non-sémantique, de répétition communicative; la ligne ne fait pas partie de la couleur et ne saurait donc l'empêcher d'exercer pleinement son autonomie sémantique et informative.

Au niveau sémantique, la répétition ne peut exister dans l'art mimétique que sous la forme de l'énumération. Énumérer en détail ce qui se voit, c'est répéter dans un but rhétorique, afin, par exemple, de montrer épidictiquement la grandeur et la puissance d'un prince, afin d'impressionner le destinataire par l'immensité de l'événement. Des tableaux représentant des armées, c'est-à-dire un défilé d'innombrables soldats, seraient ici de très bons exemples[23]. La bataille d'Issos, en 333 avant J.-Chr., opposant l'armée d'Alexandre le Grand à celle du roi de Perse, représentée sur le célèbre tableau d'Albrecht Altdorfer en 1529, met en scène un nombre incroyable de cavaliers et de fantassins des deux côtés et souligne par là même l'importance décisive de cet événement pour la civilisation occidentale, telle qu'il fut en particulier interprété pendant la Renaissance. De même, le tableau d'un peintre anonyme de Cracovie représentant la bataille d'Orsza, en 1514, constitue une énumération mimétique et rhétorique ayant pour but de mettre en relief l'importance de la victoire des armées polonaises et lithuaniennes réunies sur les Moscovites[24]. - Par ailleurs, la représentation détaillée d'une armée n'aura sans doute pas eu, au XVIe siècle, uniquement une visée rhétorique adressée au grand public, mais aussi une visée poétique, dans le cadre du *paragone*, destinée, comme un clin d'œil, aux connaisseurs: décrire une

---

[23] Les exemples picturaux cités ici sont essentiellement des répétitions par la ligne - le dessin - et non pas par la couleur; ce qui importe, ce sont les figures humaines répétées.
[24] Le tableau d'Altdorfer se trouve dans la Alte Pinakothek de Munich, celui du peintre cracovien dans le Musée National de Varsovie.

armée est, depuis Homère, un topos de l'épopée: il s'agissait de montrer que la peinture sait rivaliser avec le plus illustre des genres poétiques !

Dans l'art visuel non-mimétique - qu'il s'agisse de l'art abstrait occidental de notre siècle ou de l'art décoratif de divers pays, continents et civilisations - , la situation est tout à fait différente: la répétition se manifeste immédiatement, au niveau primaire des lignes et couleurs, sans le danger de la copie. La figure aura toujours une valeur communicative, qui est particulièrement nette dans l'art décoratif où elle s'inscrit dans une tradition symbolique (que seuls les membres d'une communauté culturelle connaissent). Pour l'art contemporain non-mimétique, on pourrait citer comme exemple les installations de Daniel Buren, à la Place du Palais Royal à Paris: les lignes et les couleurs sont identiques. On pourrait citer également certaines œuvres de Hans Hartung, à cette différence près que, chez Hartung, les lignes, souvent noires, ne sont pas toujours parallèles et leur taille et volume sont variables. On postulera, d'une manière générale, que l'identité des lignes (taille, parallélisme) et des couleurs représente une répétition - tautologie, confirmation - sur le plan sémantique, tandis que toute déviation par rapport à cette identité introduit des variations et des nuances de signification. Toutefois, un problème se pose à ce niveau: dans les cas verbaux cités plus haut, le sens des mots étant clair, on peut postuler le but rhétorique de la répétition; en revanche, Buren et Hartung produisent des œuvres non-mimétiques, chaque destinataire est par conséquent libre de conférer la signification qu'il veut à ces figures. Dans l'ensemble, la répétition reste cependant rhétorique dans les deux cas; elle est au service de la communication plutôt qu'à celui de l'information: chez Buren, elle redonne des yeux pour ce qu'on oublie de voir, pour ce qu'on ne voit plus, elle renforce la visibilité occultée par la convention, elle sert, comme dirait Lyotard[25], l'"anamnèse du visible"; chez Hartung, elle dramatise la blancheur de la surface.

Le phénomène de la répétition actualise par ailleurs un problème théorique très général soulevé récemment par Michel Tardy, là où celui-ci parle de l'opération de l'identification des phénomènes dans le travail de l'analyse de l'image, opération qui doit précéder toutes les autres. Dès que l'on adopte résolument le point de vue du destinataire, de l'analyste, il devient extrêmement difficile de savoir à quel moment le travail de l'identification doit s'arrêter. Dans un texte et peut-être plus encore sur un tableau, les traits verbaux ou visibles qui se répètent sont innombrables: sans doute le destinateur ne les a pas tous sciemment introduits, mais comment savoir où il s'était arrêté, et faut-il que le destinataire s'arrête au même moment que lui ? Y a-t-il une loi pour régir "la suspension identifiante" ? Identifier les répétitions est un travail subjectif, l'arrêt n'est pas arbitraire puisque le choix - le nombre - des identifications révèle en fait la nature de l'interprétation acceptée ou voulue par le destinataire[26]".

---

[25] Cf. Jean-François Lyotard, *Que peindre? - Adami, Arakawa, Buren*, La Différence, 1987.
[26] "L'analyse de l'image - Sur quelques opérations fondamentales", in: Françoise Dunand e.a., réd., *L'image et la production du sacré*, Klincksieck, 1991, pp. 25-34. Ce premier travail coïncide largement avec la phase préiconographique prônée par Panofsky. Pour le problème du passage de

La répétition et la couleur

La répétition par le trait demande, comme dans les tableaux de Hartung, une opposition binaire: le trait noir peut se répéter parce qu'il se déploie sur un fond blanc. Mais ce qui caractérise la couleur, c'est précisément sa non-binarité, son pluralisme. L'opposition joue, bien sûr, et elle est porteuse de répétitions implicites, mais elle s'étend sur un grand nombre de couleurs. La répétition par la couleur vit de son contraste avec les autres couleurs: "le grand art des couleurs, écrit Fénelon à propos de Poussin, est de fortifier l'une par son opposition à l'autre"[27].

L'opposition est toujours une répétition partielle et par là même sémantisée. En outre, dans les tableaux les formes définies par les lignes renvoient à des formes réelles différentes, la répétition par la couleur a donc toujours une valeur sémantique, elle établit des relations de rapprochement et de distanciation entre ces formes; elle engage, à partir de la communication, vers l'information. Le jeu subtil des trois couleurs primaires, le bleu, le jaune et le rouge, guide ainsi notre interprétation dans les tableaux de Poussin, "Les Israélites recueillant la manne dans le désert", "Éliézer et Rébecca" ou "Le repos pendant la fuite en Égypte" par exemple[28]; en revanche, le rouge seul est central et se répète (sur fond brun) dans "La Crucifixion". Enfin - et ceci, bien entendu, ne vaut pas seulement pour Poussin -, les nuances du vert, qui n'est pas une couleur primaire, dominent dans les paysages et confirment la définition (drame vs. lyrisme) et la hiérarchie des genres picturaux.

La parole comme les lignes créent souvent l'illusion que nous vivons dans un monde d'oppositions binaires; le structuralisme a tout fait pour accréditer cette idée. Or les couleurs sont là pour complexifier et dramatiser le monde. L'image ne sait qu'affirmer, elle ne nie jamais, comme l'a fait remarquer Michel Foucault[29]; mais à la place de la négation nette et simple elle introduit, grâce à la couleur, le jeu complexe des contrastes. La richesse émotive du monde, que la peinture exprime plus immédiatement que la littérature - c'est là un topos depuis l'Antiquité - , nous la devons aux couleurs.

Le jeu des contrastes demande à être interprété, les couleurs revêtent un sens, des connotations symboliques: celles-ci changent d'un siècle et d'une civilisation à l'autre. Plus encore sans doute que la ligne, c'est la couleur qui

l'identification à l'interprétation, je renvoie à mon article "Le texte, l'image et leurs référents" (*M/I/s - Mots/images/sons*, Colloque international de Rouen 14-17 mars 1989, Collège International de Philosophie - Centre International de Recherches en Esthétique musicale, pp. 187-192), qui contient aussi une bibliographie du sujet.
[27] "Dialogue L: Parrhasius et Poussin", in: *Dialogue des morts*, 1710, p. 233.
[28] Pour l'emploi des couleurs chez Poussin, cf. Kurt Badt, *Die Kunst des Nicolas Poussin*, Köln, 1969.
[29] Dans son livre sur Magritte (*Ceci n'est pas une pipe*, Fata Morgana, 1973)

introduit l'Histoire dans les images[30]. Ainsi, à certains moments historiques, même l'opposition binaire devient possible: dans la peinture classique en Europe, l'opposition femme-homme se traduit par une opposition blanc-brun.

Le pluralisme fait peur, les couleurs semblent plus insaisissables que les lignes. Il n'est pas étonnant que l'histoire de l'art, qu'elle préconise l'iconographie, c'est-à-dire une forme de sémantique historique, ou l'analyse formelle des styles et structures d'époque, ait en général privilégié l'étude des lignes à celle des couleurs.

Dans l'ensemble, la figure de la répétition est plus immédiatement repérable au niveau de la ligne que de la couleur, et cette différence nous rappelle l'un des moments majeurs du *paragone* classique en Italie et en France, qui aboutit, à la fin du XVIIe siècle, au fameux débat sur le dessin et le coloris[31]. Opposer fortement ces deux composantes de la peinture, c'est privilégier soit l'invention soit l'élocution de la rhétorique, c'est-à-dire soit le travail intellectuel soit le travail technique. C'est l'élocution qui exige le recours aux moyens propres de chaque art, c'est la couleur, insoumise aux catégories littéraires de la stylistique, qui détermine la spécificité de la peinture. Les modernes de notre siècle, si férus de retrancher chaque art dans sa matérialité propre, diront sans doute que dans ce débat les coloristes avaient raison.

L'impossibilité pratique de séparer ligne et couleur donne lieu, nous l'avons vu déjà à propos des installations de Daniel Buren, à cette répétition double, mi-communicative mi-informative, dont l'histoire des styles tire souvent profit. Au lieu d'étudier une seule œuvre, comme c'est souvent le cas en littérature, l'histoire de l'art analyse un ensemble d'œuvres ayant des analogies configuratives au niveau des lignes et des couleurs. La répétition double, avec ses identités et ses variantes, permet ainsi de délimiter certaines écoles de peinture religieuse au Moyen Âge, mais tout aussi bien de saisir la série des bouteilles chez Morandi comme cette dialectique du plein et du vide, cette métaphysique du silence dont parle Yves Bonnefoy, ou encore de mesurer, sur un tout autre registre, dans ces figures humaines qui se répètent d'un tableau à l'autre chez Botero, des procédés de déréalisation[32].

---

[30] Lorenz Dittmann, *Farbgestaltung und Farbtheorie in des abendländischen Malerei*, Wissenschaftliche Buchgesellschaft, Darmstadt, 1987; John Gage, *Colour and Culture*; Thames and Hudson, 1993; Charles A. Riley II, *Color Codes*, University Press of New England, Hanover, 1995.

[31] Voir Bernard Teyssèdre, *Roger de Piles et les débats sur le coloris au siècle de Louis XIV*, Bibliothèque des Arts, 1964; Jacqueline Lichtenstein, *La couleur éloquente - Rhétorique et peinture à l'âge classique*, Flammarion, 1989.

[32] Yves Bonnefoy, "À l'horizon de Morandi", in: *Le nuage rouge*, Mercure de France, 1977, pp. 107-114; Werner Spies, "Boteros lustvoller Widerstand". in: *Fernando Botero*, Prestel Verlag, 1986, pp. 9-30. - Il conviendrait d'examiner ici, comme l'un de mes auditeurs vient de me le rappeler, le cas de l'anamorphose, qui est à la fois répétition et négation.

La description linguistique

Dans la perspective de la théorie de la communication, nous rencontrons à l'autre extrémité, à l'endroit le plus éloigné de celui qu'occupe l'anaphore, la description[33] et notamment la figure de l'*hypotypose.* Contrairement à la répétition, dont la valeur informative peut être très faible, la description pure ne contient en principe que de l'information: notre lecture s'y adapte, nous lisons dans un texte les passages descriptifs plus lentement que les passages répétitifs. Et à juste titre: la description, c'est l'aventure; l'information qu'elle propose risque de comporter des éléments nouveaux, insolites, voire inconnus, par rapport à notre expérience du monde.

Contrairement aux figures de la répétition, celles de la description ne se définissent jamais par leur forme ou par la place qu'elles occupent dans le discours, mais uniquement par leur contenu; leur définition est thématique. Les figures de la description, écrit Beauzée, se différencient "par la nature des objets qu'elles peignent" et il énumère, comme Fontanier, la *chronographie*, ou description du temps d'un événement, la *topographie*, ou description qui a pour objet un lieu quelconque, la *prosopographie*, ou description de l'extérieur d'un être animé, l'*éthopée,* ou description du caractère d'un être animé et enfin le *portrait*, qui est une combinaison des deux dernières. Ce qu'on décrit donc, ce sont le temps et l'espace - la description de la nature, c'est-à-dire les paysages, entrent dans cette dernière catégorie - et les êtres animés qui y évoluent. Fontanier ajoute encore la figure du *tableau:* "on appelle du nom de Tableau certaines descriptions vives et animées, de passions, d'actions, d'événements, ou de phénomènes physiques ou moraux" sans toutefois préciser ce qui distingue cette figure des quatre autres, sinon le sentiment qu'on a, en les lisant, de "regarder un tableau"[34]. Aucune place n'est réservée, dans ces catégories de la stylistique traditionnelle, à la description de menus objets du monde inanimé, à ce qui correspondrait au genre pictural de la nature morte.

Définir la figure de mot, qui est un élément formel, au seul niveau thématique, c'est-à-dire à un niveau qui échappe à la grammaire, est un constat d'échec. Dans ces conditions, la place de l'*hypotypose*, la seule des figures de la description dont il nous reste encore à parler, est bien particulière. D'une part, elle est considérée comme la description par excellence, la description la plus complète et la plus pure, à tel point que, à son sujet, "la notion même de figure commence

---

[33] Pour la description littéraire, voir les différents travaux de Philippe Hamon, en particulier *La Description littéraire*, Macula, 1991.

[34] Beauzée cité d'après Hamon, *op. cit., p. 211*; Fontanier, *éd. citée*, pp. 422-433 (le Tableau: pp. 431-433). On peut bien sûr subdiviser la description thématiquement à l'infini, comme le suggère le rhétoricien anglais Abraham Fraunce: "If any person be described, they call it *Prosopographia*, if a place, *Topographia*, if a nation, *Chorographia,* if the earth, *Geographia*, if the water, *Hydrographia*, if the wind, *Anemographia*, if a tree, *Dendographia*, if the time, *Chronographia,* &." (*The Lawiers Logike*, 1588, cité par Sister Miriam Joseph, *Shakespeare's Use of the Arts of Language*, Hafner, New York, 1966, p. 320).

à s'estomper", comme le dit Patrick Bacry; d'autre part, on peut soutenir, avec Georges Molinié qu'il s'agit là d'un procédé éminemment rhétorique, du choix stratégique d'un nombre restreint d'éléments descriptifs[35]. La première interprétation aurait la beauté de la figure extrême, qui se dissipe, la deuxième a l'avantage de conserver pleinement à l'hypotypose, par sa rhétorisation radicale, sa valeur de figure. Les deux interprétations du terme peuvent s'appuyer sur certaines formules de la tradition. Ainsi Crevier dit d'une part que l'hypotypose peint les objets "par toutes leurs circonstances", mais quelques pages plus loin il fait remarquer qu'"elle s'exécute quelquefois par un seul trait"[36]. Les exemples fournis par les manuels d'autrefois vont dans le même sens.

L'hypotypose comme description quasi-complète caractériserait plutôt la prose, tandis que l'hypotypose émotive et rhétorique se trouverait davantage en poésie[37]. Il serait sans doute intéressant de revoir, surtout à partir du XVIIIe siècle, de l'abbé Prévost à Robbe-Grillet et de l'abbé Delille à Francis Ponge, les avatars de la description romanesque et de la description poétique; l'histoire littéraire s'en trouverait modifiée[38].

En réalité, la figure extrême est une abstraction; la description verbale exhaustive est impossible. L'hypotypose proprement dite est le constat de cet échec; la rhétorisation, la volonté de réintroduire la description parmi les figures, cache l'absence - l'impossibilité - de la description totale.

Le genre du mode d'emploi fournit peut-être la meilleure preuve de cette impossibilité: les mots ne suffisent jamais, il faut toujours recourir au diagramme, au soutien visuel de la parole. Les différentes définitions de la description

---

[35] Bacry, *Op. cit.*, p. 250; Molinié, *Dictionnaire de rhétorique*, p. 167. Pour le rapport entre hypotypose et réalisme, voir mon article "De Zeuxis à Warhol: Les figures du réalisme", in: *Protée*, printemps 1996, pp. 101-109.

[36] *Rhétorique françoise*, 1777, tome second, pp. 185 et 191. L'*Essay des Merveilles* (1621) d'Étienne Binet contient un grand nombre d'ébauches d'hypotyposes, à l'usage des prédicateurs qui devaient ensuite les amplifier. Cf. l'hypotypose du martyre de Sainte Agnès, symbolisant la virginité: "*Une jeune Angelette, rayonnante de virginité plus que de feu, au milieu des flammes comme dans un nouveau Empirée, les yeux collés au Ciel, la face doucement riante, pleine de saints soupirs, etc.*" et, quelques pages plus loin, l'éthopés sur le même sujet: *Ah que je meurs et que le cœur me creve, quand mon esprit me ramentoit la contenance Angelique de S. Agnes? elle cette divine pucelle estoit parée de blanc, et des couleurs de son espoux, ses cheveux d'or serrez sous un voile de crespe, sa face Archangelique riante, ses yeux liez et attachez à ub Crucifix qu'elle tenoit, sa sainte bouche pleine de beaux mots, et de prieres ardentes, son col de neige chargee d'un gros carquan de fer, ses petits bras dans des menottes qui luy estoient trop larges, etc. Le Tyran d'ailleurs avec un visage barbare, un port hautain et altier, etc.* (Rééd. Association de Théâtre de la Ville d'Evreux, 1987, pp. 514 et 519).

[37] Longin distingue les Images dans la poésie et dans la rhétorique. (*Traité de Sublime*, tome second, Amsterdam, 1710, p. 67).

[38] Delille (*Les Jardins*) - Hugo (*La Légende des Siècles*) - Ponge (*Le Parti pris des choses*) ou les métamorphoses de la rhétorisation. Certains textes de Ponge en particulier ("Le pain", "Le mollusque", "De l'eau") pourraient figurer comme exemples d'hypotyposes dans un traité de stylistique!

renvoient, elles aussi, toujours à la perception visuelle. Le *regard*, dont parle Fontanier à propos de la figure ambigüe et mal définie du Tableau, demande un effort du spectateur; la *vue*, qui conditionne l'hypotypose, est dominée par l'intention de l'artiste: la figure est "vive et animée", "elle met sous les yeux". Le destinataire peut sauter les descriptions s'il ne veut pas "regarder" en lisant, s'il les juge ennuyeuses; mais il ne saurait être insensible aux hypotyposes, qui le saisissent.

La description visuelle

Une figure linguistique qui ne se laisse pas définir au niveau de la parole, qui a nécessairement recours, dans sa définition même, à une autre perception sensorielle que l'ouïe, est-elle encore une figure ? C'est sa rhétorisation, dans l'hypotypose, qui réhabilite la description en tant que figure linguistique. Et c'est donc, paradoxalement, cette même rhétorisation qui permettra de parler de la figure de la description en peinture.

      Introduire la rhétorique dans le visible, c'est y marquer les traces d'une activité humaine, celle d'un choix opéré en vue d'une intention, d'une volonté d'efficacité. Décrire aussi bien que dépeindre repose donc toujours sur une sélection signifiante. Dans ce sens-là, tous les genres picturaux traditionnels peuvent être considérés comme des hypotyposes. La nature morte n'est pas un assemblage dû au hasard: elle signifie (la vanité par exemple). Le paysage est un éloge de la création, une preuve de l'existence de Dieu. Les tableaux d'histoire constituent un répertoire pathétique des grands moments de l'histoire universelle, d'une Histoire ayant un sens, d'une Histoire qui nous enseigne des vérités.

      Dans notre perspective, le cas le plus intéressant est celui du *portrait*: il n'y a pas, ici, que les traces de l'homme et de ses intentions; le destinateur est un être humain et le référent aussi. Le portrait relève d'une rhétorique implicitement autoréférentielle qui, par là même et nécessairement, *déçoit* toujours. Pour s'en convaincre, il suffit de juxtaposer la figure du portrait verbal, cataloguée dans les traités, et le portrait peint[39]: aucun des deux n'est capable de donner à lui seul l'information que le spectateur désirerait, c'est-à-dire la connaissance de l'individu en question. Le portrait peint individualise, mais le spectateur a besoin du titre écrit pour savoir de qui il s'agit; et le portrait écrit généralise, évoque des traits typiques - La Bruyère est l'exemple extrême -, il "répète" donc, dans la mesure où il parle de ce que nous savons déjà, au lieu d'offrir du nouveau: malgré le nom propre accolé, nous ne voyons ni ne connaissons l'individu. Là où les autres genres picturaux peuvent être rhétorisés, c'est-à-dire qu'ils apportent une information partielle et assimilable au sujet du monde extérieur - les objets, la

---

[39] Pour les rapports entre portrait peint et portrait écrit à l'époque classique, voir Jacqueline Plantié, *La mode du portrait littéraire en France (1641-1681)*, Honoré Champion, Paris, 1994, surtout les pp. 115-143.

nature, l'Histoire - , l'information par le portrait déçoit, parce qu'elle n'est pas rhétorisable. Le portrait prétend faire ce que les autres genres picturaux ne font pas: donner à connaître, offrir une information complète. La connaissance suffisamment nuancée d'un individu ne peut pas être donnée dans l'espace-temps réduit qu'est la vue d'un portrait peint ou la lecture d'un portrait écrit: il faut un développement temporel beaucoup plus complexe. C'est ce qu'ont compris les grands romanciers modernes, Proust en tête; la connaissance de l'individu est réservée à la narration, ne saurait être dévoilée que par elle.

La rhétorisation n'est possible que lorsque le destinataire suppose une intention signifiante chez le destinateur; c'est pourquoi nous pouvons théoriquement postuler un procédé analogue à l'hypotypose verbale pour trois des quatre genres picturaux de la peinture mimétique. La peinture non-mimétique pose en revanche un problème qui est exactement à l'opposé de celui que nous venons d'examiner à propos du portrait. Celui-ci n'est pas rhétorisable parce qu'il entend fournir une information entière, l'art abstrait n'est pas rhétorisable parce qu'il n'entend fournir aucune information. Il insiste sur la spécificité matérielle, picturale et non-littéraire de la peinture et par là même se soustrait à la possibilité d'être traité comme une figure de la description.

Résumons. La nature morte, le paysage, le tableau d'histoire - autant d'hypotyposes picturales. La solution proposée ici ne semble tout de même pas être très satisfaisante. Où reste la figure comme procédé partiel, comme élément constitutif d'une œuvre qui la dépasse, si l'œuvre entière se trouve résorbée dans une seule figure? Si une seule figure permet de définir la signification d'une œuvre, l'analyse stylistique devient analyse sémantique. On n'a pas besoin de recourir à la figure de l'hypotypose pour postuler, d'une manière générale, le caractère rhétorique de la peinture[40] et pour en analyser, avec les moyens appropriés des historiens de l'art, les significations historiques.

Les figures macrostructurales

Les figures macrostructurales sont celles qui ne se repèrent pas automatiquement dans un énoncé. Le destinataire doit disposer d'un contexte, d'une "mise en scène psychologique" (Suhamy) qui les lui signale: ce que l'on range traditionnellement dans les catégories de tropes et de figures de pensée peut être considéré comme des figures macrostructurales. Pour les tropes, qui jouent sur les changements de sens d'un mot, il faut connaître les potentialités sémantiques d'une langue, ce qui permet d'y voir des figures microstructurales, sans doute; mais ces potentialités sont culturellemnt conditionnées et peuvent changer d'une époque à l'autre, ce qui

---

[40] Voir mes articles "La rhétorique et l'image", in: *La rhétorique du texte*, No. sp. *Texte*, no 8/9, 1989, pp. 131-146; "Une rhétorique aléatoire: agir par l'image", in: Michel Meyer et Alain Lempereur, éds., *Figures et conflits rhétoriques*, Éd. Universitaires, Bruxelles, 1990, pp. 192-200; "Visuelle Argumentation und visuelle Narrativität", in: W. Harms, Hrsg., *Text und Bild, Bild und Text*, Metzler, Stuttgart, 1990, pp. 356-367..

fait des tropes en même temps une catégorie macrostructurale[41]. Pour les figures
de pensée, le contexte n'est pas sémantique mais pragmatique: les phrases qui
précèdent, la connaissance extratextuelle des rapports entre deux personnes
permettent de déterminer si une expression garde son sens littéral ou s'il faut
l'interpréter comme hyperbole, ironie ou litote.

Dans notre perspective, la question se pose de savoir si une telle
contextualisation est concevable sur le plan visuel aussi. Contrairement au
logocentrisme traditionnel, représenté encore par Curtius en 1947 - qui proclame,
au début de sa *Littérature europénne et Moyen Âge latin*, que la littérature est
porteuse de pensée, et l'art non - la critique contemporaine, Hans Holländer,
Wendy Steiner, James Heffernan (pour ne citer que quelques exemples)[42], insiste
sur la valeur intellectuelle autonome de l'image. La peinture donne à penser: elle
invite à des associations, elle suscite des rapprochements, non seulement avec le
monde référentiel qu'elle est censée représenter, mais aussi avec l'espace qui
l'entoure ou avec d'autres images, ou avec des textes. Grâce à cette qualité
"implicite" de la peinture on peut y déceler des figures macrostructurales dès le
moment où le destinataire est capable de "contextualiser" un tableau
non-iconiquement, c'est-à-dire en dehors d'un contexte, simple et évident, de
ressemblance.

L'opération envisagée ici - la contextualisation "macrostructurale" par le
destinataire - a pour résultat un phénomène bien connu et souvent étudié en théorie
littéraire: l'*intertextualité*, c'est-à-dire le fait qu'un texte n'est jamais uniquement
une représentation verticale, directe de la réalité extratextuelle, mais qu'il entre
simultanément en un rapport horizontal avec d'autres textes, en fait avec toute la
culture qui le précède. L'intertextualité peut se manifester soit à l'intérieur d'un
genre[43], soit à l'extérieur. Elle est l'une des formes possibles pour qu'une figure
macrostructurale puisse apparaître en littérature; en peinture elle en est la condition
nécessaire.

L'intertextualité n'est pas inconnue en peinture, on en trouve de nombreux
exemples dès l'époque classique. Ainsi, Charles Le Brun compare par exemple un
personnage peint par Poussin avec une statue de Sénèque[44]; cette transposition
est-elle un lieu épidictique et une figure de la répétition au niveau des figures de
pensée ? Wendy Steiner cite un tableau de Benozzo Gozzoli représentant la
décapitation de Saint Jean Baptiste et postule un rapport ironique entre une scène

---

[41] Voir à ce sujet les réflexions nuancées du Groupe Mu (*Traité du signe visuel*, pp. 270-283).
[42] Hans Holländer, "Bilder als Texte, Texte und Bilder", in: J. Zimmermann, éd., *Sprache und Welterfahrung*, Munich, 1978, pp. 269-300; James A. Heffernan, "Resemblance, Signification, and Metaphor in the Visual Arts", in: *The Journal of Aesthetics and Art Criticism*, 44, 1985, pp. 167-180; Wendy Steiner, "Intertextuality in painting", in: *American Journal of Semiotics*, 3/4, 1985, pp. 57-67.
[43] Diderot renvoyant à Sterne, Manet à Giorgione, etc.
[44] Sixième Conférence tenue dans l'Académie Royale, le 5 novembre 1667, texte reproduit dans: Áron Kibédi Varga, *Les Poétiques du classicisme*, Aux Amateurs de Livres, 1990, p. 78.

de ce tableau qui montre Salomé et sa mère et la tradition des pietà. De même, une installation récente de Bill Viola ("Greeting", 1995) renvoie (ironiquement?) à une Visitation de Pontormo (1520). Arthur Danto cite le portrait de Napoléon par David où l'empereur français est drapé comme un empereur romain: il s'agirait là d'une relation métaphorique[45]. Cette métaphore a deux fonctions rhétoriques: sur le plan du *pathos*, elle souligne, pour une société postrévolutionnaire admiratrice de l'antiquité romaine, la grandeur de Napoléon et les leçons de l'Histoire, sur le plan de l'*ethos*, elle manifeste l'admiration du peintre pour son sujet. La métaphore ne vit ici que grâce à l'histoire romaine: elle est macrostructurale, elle ne fonctionne pas pour celui qui ignore cette histoire. Enfin, il existe des genres strictement "contextuels", comme la caricature, qui n'est pas nécessairement ironique mais souvent, tout simplement, le moyen le plus rapide et le plus efficace d'identifier un homme célèbre. La caricature est un portrait rhétorisé, c'est-à-dire la figure qui fait rentrer le genre "impossible" du portrait dans les catégories discursives.

Les raisons pour postuler un contexte en dehors de l'image tiennent sans doute à la différence radicale entre la représentation linguistique et la représentation iconique. Ainsi, il n'y a pas de métaphore à l'intérieur du tableau, parce que celui-ci n'admet pas les distinctions syntaxiques verbales entre sujet et prédicat, entre véhicule et teneur; il existe certes des formes métaphoriques chez Max Ernst ou Magritte par exemple, mais ce sont des métaphores indécidables: l'oiseau est-il un homme, l'homme est-il un oiseau ? La bouteille est-elle une carotte, la carotte est-elle une bouteille ? Ces formes métaphoriques ont une énorme puissance de déréalisation, là où les "vraies" métaphores cherchent précisément à renforcer et enrichir notre information sur la réalité. La même indécidabilité règne pour la métonymie, l'ironie et les autres figures tant que l'on s'en tient à la seule structure interne d'un tableau. Le tableau demande, pour tout ce qui est signification, la macrostructure du contexte.

Les figures de mots se repèrent immédiatement dans un texte et dans une image; dans celle-ci, à cause de son iconicité, elles ne se manifestent, bien entendu, qu'avec certaines restrictions, c'est-à-dire uniquement au niveau formel des composantes élémentaires, la ligne et la couleur. En revanche, les figures de pensée ne peuvent pas se passer d'un contexte. Ce contexte peut rester intrinsèque pour un texte: le reste de l'œuvre verbale suffit déjà pour en produire. Pour l'image, le contexte est extrinsèque, il doit dépasser le tableau et prendre la forme de l'intertextualité.

De la répétition à la description, les figures picturales microstructurales sont de plus en plus difficiles à délimiter. En revanche, les figures macrostructurales sont claires; ici, la distinction entre signes arbitraires et signes naturels perd sa pertinence. Ce qui compte, c'est l'invention d'un champ intertextuel: ensuite, le

---

[45] Wendy Steiner, *art. cité*, p.63; Arthur Danto, *La transfiguration du banal*, Seuil, 1989, chapitre 7.

riche travail de l'interprétation peut commencer. La stylistique a un immense champ d'application dans le domaine des figures macrostructurales: ce travail du style est en fait infini.

Vrije Universiteit Amsterdam

Tables des matières